LA CIUDAD DE LA UNIDAD POSIBLE

SELECCIÓN POÉTICA DE MIAMI

Prólogo de
Carlos Rojas

Editorial Ultramar
Miami, 2009

Colaborador de la Edición: Centro Literario de la Florida del Miami Dade College, 2009.

Coordinadora de Edición: Aida Levitan, Ph.D.

Agradecimiento a los asesores:
Alina Interián • Profesora Sandra Castillo • Daína Chaviano • Luis de la Paz
Profesora Ivonne Lamazares • Sarah Moreno • Dr. Carlos Rojas

Impreso en los Estados Unidos de América
Auspiciado por: Hispanic Events, Inc., Aetna Foundation y Victoria London

2009 EDITORIAL ULTRAMAR/HISPANIC EVENTS, INC.

La Editorial Ultramar significa un esfuerzo por difundir más ampliamente la obra de tantos valiosos escritores hispanos que viven fuera de su país de origen. Bajo el auspicio de la organización sin ánimo de lucro Hispanic Events, Inc., esta editorial, radicada en Miami, tiene la meta de ofrecer al público de Estados Unidos y otros países la creación literaria de una generación de jóvenes poetas y escritores que no han tenido la oportunidad de ver publicadas sus obras.

VICTORIA LONDON - BENEFACTORA DE *LA CIUDAD DE LA UNIDAD POSIBLE*

Victoria London, fundadora y CEO de London PR Company, ha sido nombrada Benefactora de La Ciudad de la Unidad Posible, debido a su importante aportación a la impresión de este libro. La Sra. London es la Cónsul Honoraria de Rumanía en la Florida. Nacida en Transylvania, comenzó su carrera profesional en Nueva York como investigadora para la Escuela de Ingeniería de la Universidad de Columbia. Más tarde trabajó como consultora de la firma Booz Allen and Hamilton y para CBS en el campo de fusiones y adquisiciones.

Se mudó a Miami, Florida, en 1974, y trabajó como consejera de inversiones en el Banco Southeast, así como en Goldman Sachs, antes de convertirse en socia de London Real Estate Company, en la cual administró propiedades y proyectos de bienes raíces.

Además de ser una exitosa empresaria, la Sra. London contribuye a actividades filantrópicas, en apoyo de las artes. Pertenece a las juntas directivas de varios bancos así como de CARE, el Museo de Vizcaya, y la Cámara de Comercio Suiza-Americana. Es también miembro de los Founders del Hospital de South Miami así como Benefactora de Hispanic Events, Inc.

Victoria London tiene una Maestría en Ingeniería Química y una Maestría en Administración de Empresas, ambos títulos de la Universidad de Columbia de Nueva York.

LA CIUDAD DE
LA UNIDAD POSIBLE

SELECCIÓN POÉTICA DE MIAMI

PRESENTACIÓN

Algunos creen que en Miami –Capital del Sol y de las Américas, centro internacional de turismo y negocios, lugar favorito de pintores, músicos, modelos y actores– no hay mucho espacio para la poesía en español. Lo cierto es que Miami es el tercer mercado de población hispana de Estados Unidos con 1.8 millones de hispanos (de los cuales la mitad son de origen cubano) y que, con la llegada de buenos poetas de Cuba, Colombia, Venezuela, Nicaragua, Argentina, España y otros países, ha surgido una gran actividad poética en esta ciudad. Como decía Walt Whitman, "Para que existan grandes poetas, tiene que haber un gran público". En Miami ya hay miles de aficionados a la poesía en español así como un gran apoyo de organizaciones, tales como el *Florida Center for the Literary Arts* (Centro Literario de la Florida) del Miami Dade College (con su Feria Internacional del Libro), la librería Books & Books, el Centro Cultural Español, Herencia Cultural Cubana, y nuestra propia organización, Hispanic Events, Inc. Sin embargo, algunos de los mejores poetas han tenido que costearse la publicación de sus libros porque, en la opinión de algunas editoriales, la poesía vende muy poco y no es buen negocio publicarles. Es por eso que en Hispanic Events, organización sin ánimo de lucro que presido, decidimos darle aún mayor impulso a la poesía local al crear la Editorial Ultramar en el 2008, y publicar nuestro primer libro, *Poesía viva* de Rodrigo de la Luz.

En el 2009 la Editorial Ultramar solicitó la ayuda del Centro Literario de la Florida del Miami Dade College y de su directora, Alina Interián, para producir una selección de poemas en español del Sur de la Florida. Nuestra intención ha sido reunir en una obra algunos de los mejores poemas en lengua española de residentes de Miami. Hemos querido darle a los buenos poetas la oportunidad de publicar sus mejores versos inéditos en este libro.

Gracias a una acertada sugerencia de Luis de la Paz, hemos titulado esta edición *La Ciudad de la Unidad Posible*, inspirados por la frase que aparece en *Espacio*, poema en prosa de Juan Ramón Jiménez, escrito en Miami:

> Memoria son los sueños, pero no voluntad ni inteligencia. ¿No es verdad, ciudad grande de este mundo? ¿No es verdad, dí, ciudad de la unidad posible, donde vivo? ¿No es verdad la posible unidad, aunque no gusten los desunidos por Color o por Destino, por Color que es destino?

En este Fragmento Tercero sueña el poeta con lo hermosa que sería esta unidad:

> Si todos nos uniéramos en todo (y en color, tan lijera superficie) estos claros del campo nuestro, nuestro cuerpo, estas caras y estas manos, el mundo un día nos sería hermoso a todos, una gran palma, sólo, una gran fuente sólo, todo unido y apretado en un abrazo como el tiempo y el espacio, un astro humano, el astro del abrazo por órbita de paz y de armonía ...

Este título nos parece ideal para una colección de poemas en español, de autores de distintos países, en una ciudad muy diversa pero armónica de Estados Unidos. Quisimos lograr con este modesto proyecto esta "posible unidad", a través de la buena poesía, que tanto disfrutan miles de personas de sensibilidad y cultura en Miami, ciudad que parece estar alejada del mundo del espíritu pero que en realidad ya es un hervidero de actividad poética.

Conformaron el jurado Luis de la Paz, crítico literario de Diario Las Américas; Sarah Moreno, escritora cultural de El Nuevo Herald; y las profesoras de Miami Dade College Sandra Castillo e Ivonne Lamazares. Aportamos nuestras ideas y juicios Alina Interián y yo, además de coordinar la edición. Tenemos el privilegio de contar con el prólogo del Dr. Carlos Rojas, insigne novelista, pintor y erudito español, ganador de los premios Nacional de Literatura, Planeta, Nadal y otros, y Profesor Emeritus Charles Howard Candler, de Emory University, Atlanta, Georgia. Agradecemos también la imprescindible colaboración de los miembros del jurado así como de los poetas seleccionados. Sufragamos los costos de esta edición con el apoyo de algunos de los que hemos contribuido a Hispanic Events, Inc., entre ellos Victoria London y la Fundación Aetna.

El mérito de este libro sólo puede residir en el valor artístico de sus poemas, escogidos con un juicio crítico objetivo, aunque sin duda falible. Se anunció el concurso por medio de la prensa y correo electrónico, y recibimos cientos de poemas. El jurado seleccionó a 32 poetas y entre uno a cinco poemas de cada uno de ellos. Sólo se escogieron aquellos poemas que nos parecieron los mejores. En el libro figuran nombres de poetas estrenados y principiantes. El tiempo dirá si los poetas apenas conocidos se convertirán en los maestros del mañana. Desde luego, el riesgo de cualquier tipo de selección es equivocarse. Aceptamos el riesgo y aseguramos al público lector que hemos hecho la selección con la máxima rigurosidad, desde la perspectiva de nuestra época y lugar. Hemos excluido poesía de autores dignos pero que nos pareció extemporánea, así como poesía efectista, de lugares comunes o pintoresca, que, en nuestra opinión, no era del nivel de las mejores que elegimos.

Cada poeta ha firmado una autorización que confirma que los poemas no han aparecido publicados en ningún otro libro. Las biografías se han preparado de acuerdo con los datos enviados por los poetas y cuando ha sido posible, las han redactado ellos mismos. Como es el caso en la población hispana de Miami, hay un gran número de cubanos entre los poetas pero también hay autores de otros países.

En Buenos Aires aparecieron unos carteles que decían "No hay ciudad sin poesía", con diseño y un poema diferente en cada uno. En realidad nos parece que una ciudad sin poesía es como una persona sin alma. Esperamos que *La Ciudad de la Unidad Posible* ayude al lector a penetrar en ese misterioso mundo –descrito por Dámaso Alonso– "de la realidad iluminada por la claridad fervorosa de la Poesía: realidad profunda, oculta normalmente en la vida, no intuible, sino por medio de la facultad poética, y no expresable por nuestro pensamiento lógico".

Aida Levitan, Ph.D.
Miami, 2009

PRÓLOGO

La Ciudad de la Unidad Posible –desde ahora con mayúsculas en este prefacio– es un verso de Juan Ramón Jiménez o JRJ, el poeta español fallecido en el destierro de Puerto Rico, en 1958, a los setenta y siete años. Acaso pensando en Jiménez, otro desterrado, Max Aub, aseguró que en el pasado los exilios solían abolirse o abreviarse; pero en nuestros tiempos sólo la muerte terminaba con la expatriación.

Aunque Max Aub también moriría en el ostracismo, en México en 1962, después de un breve viaje a España recogido en su libro *La gallina ciega*, increíblemente olvidó al mayor de los poetas exiliados, Dante o Durante Alighieri, cuando afirmaba que en otras épocas las proscripciones fueron siempre efímeras. Dante vivió sus últimos veinte años, de 1201 a 1221, deportado de Firenze o Florencia y desarraigados siguen sus despojos puesto que Ravenna se niega a cederlos y Firenze se cansó de pedirlos.

En vida de Dante Florencia y Ravena eran comunidades independientes, en una fragmentada Italia que trataban de usurpar aves rapaces, de pésimo agüero, como la Santa Sede, el Sacro Romano Imperio, Francia y España. Medio milenio antes de que Garibaldi y Cavour unificasen políticamente el país, Dante transformó su nativo toscano en el moderno italiano literario y lo hizo instrumento de posible unidad lingüística en toda la península. Pensando en el latín de la antigua Roma, Antonio de Nebrija, autor de la primera gramática castellana, decía a los Reyes Católicos que siempre la lengua acompañó al Imperio. Dante y Juan Ramón Jiménez añadirían que a veces la poesía, nacida en el destierro, era la única moneda de ley en el pago del porvenir cultural de un pueblo. Y de vivir ahora aquellos poetas, muertos en patrias ajenas, aprobarían el título de la presente colección de poemas, publicada e impresa en Miami, Florida, USA.

No son cubanos todos los autores de *La Ciudad de la Unidad Posible*. Silvio Ambrogi Román y Rubí Arana son nicaragüenses. Alejandra Ferraza nació en Buenos Aires, Vicente Forte Sillié vino al mundo en Caracas y América Mara Manzano vio la luz en el propio Miami. Pero todos tienen por lengua madre el español andaluz de JRJ, o el español cubano de Martí, el español nicaragüense de Darío, el español uruguayo de Delmira Agustini, y el español chileno de Neruda. Martí había escrito "Dos patrias tengo yo: Cuba y la noche". Jiménez dijo que un día, al marchase para siempre, él sería otro. Darío habló de una América a imagen de Cuba, que temblaba de huracanes y vivía de amor. En su erotismo literario y carnal, dos hexasílabos de Delmira, "ven a mí: mente a mente/ ven a mí: cuerpo a cuerpo", componen una apropiada analogía de la memoria que los autores de esta antología guardan de su isla todavía perdida. También Neruda llamó "gran mago" al diccionario de la lengua española. A modo de epígrafe cualquiera de aquellos versos podría encabezar este libro.

El destierro o su cara adversa, que no sería sino la isla arrebatada, sólo se mencionan aquí por alusiones más o menos oblicuas. No aparecen versos tan explícitos como aquellos en que Luis Cernuda –otro exiliado andaluz, como JRJ, muerto en México al igual que Max Aub– apostrofaba a los franquistas como "caínes sempiternos", y presagiaba que otro día lo llamaría una España, "libre de la mentira de ellos", aunque él ignorara qué podría decirle entonces un muerto. A juzgar por otros poemas más elaborados, aquellos versos resultan excepcionales, entre todos los suyos en el exilio. Asimismo los poetas de *La Ciudad de la Unidad Posible* parecen más adeptos a la lírica de Pierre Ronsard, donde desde el siglo XVI un maravilloso silencio cabe entre las palabras, al decir de un fusilado fascista español, José Antonio Primo de Rivera, que al opuesto paradigma poético. Me refiero a una poesía sonora y torrencial, tan digna como la de Ronsard y a la vez completamente distinta. Como podría ser la de Góngora o del mismo Neruda.

Para Julie de Grandy, en *El regreso*, la expatriación sólo significa "sacudir el polvo peregrino/ en los espejos de Cocteau". En *Descripción de una casa*, Rodrigo de la Luz, seudónimo artístico de Roberto Martínez, se ensimisma y contempla su ostracismo como el desencuentro de tres sentimientos: la soterrada pero todavía violenta desmemoria, la estremecida fatiga y acaso el abandono de la dicha hasta entonces recordada. En *De tránsito* presagia resignadamente ser un día "materia olvidada", al igual que el polvo en el espacio. Odaliz de León busca en vano en Miami su casa perdida en La Habana, en tanto se pregunta si ella es ella o el fantasma que la habita y dicta sus versos. Raúl Dopico distingue entre la voz y el alma de La Habana: aquélla le parece a menudo "melancólica" y "grotesca". Ésta es definitivamente "luminosa" y "resonante". En mitad del destierro, Denis Fortún cree encontrar refugio en la poesía de Edgar Allan Poe; pero se pregunta –en mayúsculas como las de *La Ciudad de la Unidad Posible*–, si *Nunca Más* no es *Never More*.

También en la literatura, el arte y la naturaleza se acoge Félix Lizárraga –novelista, licenciado en Artes Escénicas y autor de farsas teatrales–, cuando mantiene un constante fluir poético, en perpetua metamorfosis, entre las letras, la pintura y la arboleda. "La naturaleza imita al arte" (Eso ya lo dijo el buen Oscar). Pero se entrega a las transformaciones de sus propias apariencias, en una suerte de empatía dentro de la *pathetic fallacy*, mientras despunta el sol como el panal vierte la miel. Por su parte artistas y escritores viven sujetos a análogas transformaciones. Julián del Casal, el poeta cubano tan admirado por Rubén Darío como por el rubeniano Rufino Blanco Fombona, ve pintar a Moreau su Leda y su Salomé con los ojos de Des Esseintes, el protagonista de la novela *À rebours* de Huysmans. Si bien Des Esseintes diluye la mirada en los ojos de Félix Lizárraga.

Ángel Antonio Moreno entrevera amor y expatriación. A la amada que no nombra, distante y desaparecida, le jura que ambos volverán a encontrarse, puesto que la tierra gira sobre su eje, en tanto pasado y presente entretejen senderos y atajos hacia el porvenir. Y en la almohada de los amantes un colibrí libará entonces "la miel que endulza la ilusión del mundo", Janisset Rivero se dirige a otro amor innominado, que pervive en la sombra. "Dos soledades cardinales" separan a los enamorados. Pero ellos se tenderán la mano sobre los pasos perdidos, hasta encontrarse al término de las tinieblas. Para José Soroa su memoria de Cuba se inmoviliza en una tela, que recuerda los paisajes de *le Douanier* Henri Rousseau. Sobre el "mediodía petrificado del lienzo", el viento se funde en la luz y las verdes ramas se abrazan voluptuosas. Todo se hace presente en una octava, que encabeza un "Controlado desatino".

Pero el dialéctico recuerdo de Cuba no informa ni la mitad de la antología. También oblicua o tácitamente, los poetas lo confrontan con sus vivencias en el exilio. El cubano Armando Álvarez Bravo y el nicaragüense Silvio Ambrogi mantienen distintas posiciones como desterrados. *En Definición* aquél manifiesta perseguir y reivindicar, siempre en vano, un reiterado sueño. Éste contempla el anillo de emperadores, reyes y Santos Padres como un símbolo del poder consumido y devorado por el tiempo. En su elegía a Fernando Bujones confiesa la nicaragüense Rubí Arana su reiterado regreso al nombre del extinto, que le abrasa y devuelve a la nada. Manuel Castro Pérez establece una paralela consideración, al suponer el eterno retorno del futuro, que no cabe confundir con la ausencia del pasado. Aunque el porvenir se pierda enseguida en la sombra.

Francisco Corces y Amelia del Castillo mantienen opuestas visiones de la proscripción. Él despierta cada noche en un planeta desierto y sin nombre, "girando sin rumbo" alrededor del vacío. Ella contempla su propia presencia y reafirma la identidad en "el canto" que compone su poesía. *¡Ven!*, de Julio Estorino, es la única contribución religiosa seleccionada. Como el mexicano Amado Nervo en otro siglo, el poeta se manifiesta inundado de alegría y redimido del destierro, cuando se entrega al Hijo del Hombre. Muy lejos de Estorino y bastante cerca de Castro Pérez, José Emilio Fernández aprende a caminar, con simple curiosidad y sin recelos, por las rutas del ostracismo.

Orlando Ignacio Fernández traduce la proscripción en términos de un amor imposible, que debieran venerar los demás amores. Rafael Fernández-Larrea la convierte en el tema de un poema, donde un proscrito escribe a su padre moribundo cartas que aguarda ansioso, aunque al leerlas dejen de interesarle y no alcance a comprenderlas. En una breve poesía, *Sin título II*, Alejandra Ferrazza se sorprende esperando por una ventana, "abierta al corazón," la venida de un verso y no precisamente la aparición de su isla, según me imagino. Si bien "En la distancia ... / todo es posible". Marlene Fuentes López no consigue circunscribir la soledad en una especie de silva, aunque ésta la lleve por título. También le remuerde cuanto ella entregó; pero lo echa de menos para salvarse.

Vicente Forte Sillié jamás habría pensado que "tantos caminos / y tantos ecos" cupieran en el vacío del exilio. teresita herrera muiña prefiere que le escriban el nombre con minúsculas. Al igual que Alejandra Ferraza, ve por el cristal de su ventana los puentes de la niñez. Y piensa haber hallado la salvación en un amor, tan viejo como los giros de la noria y los dinosaurios. Rolando Jorge contribuye con un poema, *Los amantes*, de su libro inédito *Escrito con ceniza*. A través de aquellos versos y por olvidados caminos, llegan o se pierden unos desconocidos. Asimismo, en *Por la voz del poeta*, Magda Kraw –*nom de guerre* de Magdalena Cruz– evoca el paso de transeúntes y espectros a través de un espejismo.

Como herrera muiña América Mara Manzano sublima el exilio en el amor. Asegura al amado que muerta, ya sea bailando en las nubes o consumida por los gusanos –¿*le ver impitoyable* de Paul Valéry?–, no dejará de amarlo. Rodolfo Martínez Sotomayor no menciona el ostracismo en *Acción de gracias*; pero debe emplazarlo entre todas las irracionalidades de la historia que desmienten la piedad y la providencia divinas. Ernesto Ravelo García identifica su destierro con la afanosa voluntad de no desesperar, si bien casi olvidó lo esperado. "Quizás las gaviotas que regresen/ extenuadas del océano". Mariblanca Quiñones de la Osa titula uno de sus poemas "Este yo sin hacer" y lo cierra preguntándose, apropiadamente, si algún día recobrará sus propios pedazos en un "intercambio con otras dimensiones" y creará entonces un prosaico "tú", entre dos puntos de exclamación. Al lector corresponde deducir si aquel pronombre se refiere a la propia Mariblanca, a una isla o a un amor. Igualmente desaparecidos y entrecomillados.

Orlando Rossardi dedica un canto a La Florida, en ocho estrofas que deben publicarse conjuntamente: *Florida, Peter Pan, Mariel, Torre de la Libertad, Cayo Hueso, Ybor City, Miami* y *Calle Ocho*. En *Mariel*, el aire duerme entre las olas en tanto se aleja el éxodo. En *Torre de la Libertad*, Rossardi se pregunta qué puede haber en lo alto si no es el cielo. En tanto la tierra deviene toda lumbre al igual que el desierto y el poeta contempla el vuelo y revuelo de las cosas. No obstante permanecen los nombres en la memoria proscrita, que Proust llamaría a la vez voluntaria e involuntaria. Elena Tamargo se interroga y pregunta por el "país heredado que sigue siendo nuestro lecho". Cuanto ella escribió, sin descuento del poema *Mi fango y mi saliva*, arderá con su retrato en la bahía. Manuel Vázquez Portal llama *La hora de los fantasmas* a la última de sus poesías, en este libro. En una vena parecida a la de Tamargo, dice a las ventanas ojos abiertos a la nada. Mientras, en el puerto de las fugas, un pañuelo despide al postrer evadido, se enrojece la tarde y el campanario anuncia la hora de los espectros.

Pero Orlando Rossardi tiene razón. Perdura el lenguaje poético, por más que el retrato de Elena Tamargo se queme en la playa. Se hace raro encontrar en Miami a alguien que no hable en español, me decía Aida Levitan en Coral Gables. Casi tan raro como oír una voz que no se exprese en el toscano recreado por Dante, en la Florencia antaño dispuesta a llevarlo a la pira, si osaba volver a pisarla, o en la Roma de Bonifacio VIII: el corrompido pontífice que ordenó su destierro. Salvados los siete siglos que separan *La Ciudad de la Unidad Posible* y la *Commedia* que Boccaccio y no Dante adjetivó Divina, junto con otras distancias sacras y humanas, ambos poemarios reiteran la pervivencia de la poesía expatriada frente al absolutismo que la deportó. Pero vuelve a alejarlos, recíprocamente, otra diferencia acaso no menos radical y determinante. Dante rehunde en los infiernos a sus peores enemigos y reserva su más sañuda condena para Bonifacio. En tanto los poetas aquí comprendidos no tienen una sola palabra de odio hacia los responsables de su destierro. Al margen de la literatura, me digo yo, es posible que hayamos progresado moralmente un poco, un mero sí es no es, desde los días del también divino Durante o Dante Alighieri, hijo de Alighero di Bellincione d'Alihigero.

Carlos Rojas
Atlanta, 2009

ARMANDO ÁLVAREZ BRAVO

VIDA Y OBRA

Armando Álvarez Bravo nació en La Habana, Cuba, 1938. Poeta, crítico, ensayista, narrador, profesor, editor y periodista. Es miembro de número de la Academia Cubana de la Lengua; correspondiente de la Real Academia Española y la Academia Norteamericana de la Lengua Española; y vitalicio de American Translators Association así como ex presidente del PEN Club de Escritores Cubanos en el Exilio.

Su obra esencial es: Poesía: El azoro; Relaciones; Para domar un animal; Juicio de residencia; Las lejanías; El prisma de la razón; Naufragios y comentarios; Trenos; Cabos sueltos; Poesía en tres paisajes (Rastros de un merodeador nocturno; Noticias de Nadie; Sólo se puede confiar en la soledad); La belleza del físico mundo; A ras de mundo. Poemas escogidos, 1964-2006; Cuaderno de campo (1996-2008) *y* Opera prima (El azoro; El dominio; Memorias, desmemorias). *Ensayo:* Órbita de Lezama Lima; Autorretrato a trancos *y* Al curioso lector (Ensayos sobre arte y literatura). *Cuento:* Las traiciones del recuerdo *y* El día más memorable.

LA FORCE DE L'AGE

Tras el grueso cristal, el glorioso día
se le ofrece inmenso de dádivas,
como plaza o mujer rendida.

Todo está aguardándolo,
tan sólo pendiente de su disponibilidad,
en su iluminación de un siempre
en que encarnan todos los sueños,
todos los deseos, todas las ficciones,
sus incontables maravillas.

En el grueso cristal,
a pesar de sí mismo,
el rostro envejecido del desterrado,
ya tan fijo en los rituales del olvido,
se desvanece. Su eternidad
es un inerme silencio vacío de batallas.

LA MORDIDA

La mordida de lo que se sabe que no se sabe.
Esa bestia que devora el poco sueño
y sigue ahondando su dentellada
en las horas vertiginosas del día hostil.
Siempre el deseo es una distancia que se inmensa
y nos vuelca en una tierra de nadie, inermes.
El tiempo que perdimos y nos hicieron perder,
el tiempo que ya no se tiene y todo lo que hay
en esos tiempos que se adunan
y son un nuevo enemigo. La inocencia
puede ser una culpa irredimible
y las culpas un delirio que se vuelve contra uno
a pesar de la contrición. Están las cartas
sobre la mesa, están marcadas para la pérdida
y siempre hay que jugar, aunque se abomine el juego.
El más terrible golpe es el de las horas contadas.

DEFINICIÓN

No es preciso
que comprendan lo que escribo.
A estas alturas del acabamiento
tengo perfecta conciencia de ello.

El calor me consume
como una inexorable maldición
de la Historia.

Siempre regreso
en pos de un sueño
que me impulsa a partir
para reconocer
y reivindicar al sueño.

Me devora ¡ay! mi propia sangre—
mi propia mala sangre—.

Nada tengo que ver con esa sangre.

Puedo definir exactamente el dolor.

HACIA EL POEMA

Tarde de domingo:
abrasadora, húmeda,
luminosa hasta la ceguera.

Tarde llena de silencio
y de soledad.

¿Qué escribir,
por qué hacerlo,
para qué y para quién?

En la noche, otra vez,
no habrá respuestas
a estas incesantes preguntas
en que se va la vida toda.

Lo de siempre.
Y vuelta a empezar
hacia el próximo domingo.

Así de sencillo.

LA SOMBRA

Hay una sombra
en la sombra.
Es indescifrable.
¿Qué sabemos de un enigma?
Termina el día,
descienden las sombras
pero en ellas persiste esa sombra.
¿Qué quiere decirnos,
qué nos dice hacia la noche?
Cada instante que transcurre
sabemos menos. Desciende
la oscuridad, su misterio
y su evidencia. No hay más.
Sólo se impone una sombra
en el denso cuerpo de la sombra.
Quizás sólo somos pura,
final sombra. Nada que decir.
Todo es sombra.

SILVIO AMBROGI ROMÁN

VIDA Y OBRA

Silvio Ambrogi Román nació en Jinotepe, Nicaragua, 1956, Es graduado en Derecho de la UNAN, León, Nicaragua. Escritor y poeta, ha publicado dos libros: Oscilaciones, *Miami, 1988, colección La Peña de la Trova y* La Saga del Jazmín, *Managua, Nicaragua, 2009. Ha publicado en diversas revistas tales como:* La pluma del cuervo, *Nicaragua, 1985;* A Mayor, *Miami, 1988;* Los conjurados, *Miami, 1994 y 95;* Decenio, *2001;* Baquiana, *edición digital y anuario del 2007;* 11 Nicaraguan poets *(antología), por Danilo López Román, 1996;* La *Tertulia 30 poetas en Miami, selección de Rolando Jorge y Alex Fonseca, Miami, 2008, y en la antología general* El Gugüense a los pies de Bobadilla, *selección de la última poesía nicaragüense, por el Dr. Omar García Obregón y Dra. Cony Palacios, 2008. Ha dictado conferencias y recitales en varias universidades, galerías y bibliotecas de los Estados Unidos y Nicaragua.*

EL ANILLO

Aro en llamas que los conjuros no guardan
de metal calcinado su mísera existencia
La simpleza del enlace tejida en oro puro,
—Rey de los metales—
Esta banda guardada entre los dedos
sella en tu mano la escudada potencia
Diseño de Moebius …
Sierpe enroscada en sí misma —el Ibex—
Redondez lunar es su casa
Frío amuleto de mortales asombros
Anhelo de Césares y monarcas, anular de Obispo
Bendición Papal, solo pretexto para el dominio
En fin, pieza del poder que pudre el tiempo.

TINTE DE PRIMAVERA

Se ahogó el polen volandero
que el colibrí ritualice a picadas
con susurros de pétalos agitados
en este vientoamar de mayos
el moscardón liba mieles coloreadas
picopajilla los néctares chorreantes
succionando a la flor que se marchita de instantes

Washington, D.C. 2001

VIDA Y OBRA

Rubí Arana nace en Masaya, Nicaragua en 1941. Reside desde 1974 en Miami, donde ha publicado tres poemarios: Emmanuel *(Editorial Sibi, 1987);* In Nomine Fillii, *edición personal, 1991;* Homenaje a la tierra, *Ediciones de Proyecto Dos, 2008. Fue seleccionada para integrar varias antologías, y ha sido traducida al inglés y al húngaro.*

Aunque pertenece a la generación de los sesenta, se considera a sí misma poeta del nuevo milenio. Su Emmanuel *mereció un Seminario en la ciudad de Miami. Es iniciadora de la poesía Hesotérica (así, con H). Realizó estudios de Arqueología en Mérida, Yucatán, México. De ella ha dicho el crítico Luis de la Paz:"Rubí Arana da vida poética a los desmanes de nuestro tiempo. Ve en la historia, la fe y la naturaleza, la vía que conduce a un impreciso y alentador porvenir".*

RUBÍ ARANA

FERNANDO BUJONES

A: Mary Calleiro
En La Muerte Del Rey

Con la luna dotada a tus pies
el mundo se deshoja como rosa
ahora que te siente bailar

entre los astros

y vienes Nada sino fuego
–porque eterno es tu nombre–
a quemarnos

homenaje

danza entre Fernando Bujones y el fuego
una ley sagrada de inmortalidad
del bello movimiento.

MANUEL CASTRO PÉREZ

VIDA Y OBRA

Manuel Castro Pérez nació el 11 de febrero de 1951, en el poblado de Punta Brava, pueblito de la periferia de La Habana, Cuba. Estudió magisterio y ejerció la docencia en la asignatura de Literatura-Lengua Española. Es estudioso de la obra escrita del Apóstol de la independencia de Cuba, José Martí, al cual considera el más grande de los cubanos y excelente escritor. Actualmente labora en la escuela Hialeah Senior High impartiendo la asignatura Español y comparte su tiempo con la lectura de Haikus y la producción de algunos de éstos, con las miras puestas en la presentación de un proyecto elaborado bajo el título: Cien haikus cubanos. *Ha escrito algunos ensayos entre los que figura:* Martí y la segunda mitad del siglo XIX.

ACCIONAR

Veo en tu vida todo lo viviente
y busco refugio en la sombra que proyecta.
Me sostienen ... el pan ... y tu mirada de luna.
Quisiera en este instante,
no en otro,
atravesar olas,
y ser más silencioso que la fuerza oculta
que las provoca.
Quisiera visitar cualquiera de las esquinas
que tu espacio ocupa en este momento
porque sesenta segundos después
ya la brisa te habrá tocado
y no podrás saber que en mi viaje
de agua con estrellas vigilantes
he besado tu pequeño infinito,
aún en el amanecer
y he robado tus sueños
sin buscar apropiármelos
porque los he tomado para protegerlos
guardándolos en mi memoria.

EN VANO

No me faltas para el pasado:
me faltas para este instante;
y ocurrirá mañana
cuando hoy,
tu figura no se encuentre
y, en puntilla pase la luna,
y en silencio marche el sol
ambos con cara de virgen llorona
después de tocar en cada puerta
de la ciudad
y preguntar por ti
y no te hallen.
No es que falte el pasado
porque el futuro llegará sin prisa
y no mostrará identidad alguna
cuando a la sombra lo aguarde
nuevamente,
en esta espera cubierta de espejos
que reflejan una realidad
sin rostro.

FRANCISCO J. CORCES

VIDA Y OBRA

Francisco J. Corces nació en Matanzas, Cuba, en 1946. Poeta, actor, pintor y periodista. Corces ha publicado en Editorial Gaveta, Orión, El cangrejo de papel, Verso a verso *y* Arique. *Salió de Cuba con su familia hacia España en 1981. Después de varios años se estableció en Nueva York. Fue locutor y productor de un programa de radio en los Catskills, llamado Panorama. Actualmente reside en Miami.*

HIPÓTESIS SOBRE EL DESTINO DE LA PALABRA

El verso tiene un tiempo que lo empuja
sobre el papel que guarda lo que es cierto,
como notas de un mágico concierto
hasta que el propio tiempo ya lo estruja.

Todo es entre el espacio una burbuja,
un grano más de arena en el desierto;
no importa estar alerta o bien despierto;
el tiempo nos alcanza con su aguja.

No hay respuesta en la droga ni en el vino;
la respuesta la guarda lo divino
de una eterna verdad que nos desgarra

(hipótesis en versos de un destino)
Si todo se diluye en el camino…
ni el poema rescata la palabra.

Bal Harbour, Florida, 2008

REFLEXIONES

Sin ti todos los astros nocturnos son iguales.
pues la noche sucumbe, sucumbe desolada
si no estás tú con ella al nacer la alborada
y entregarle conmigo sonidos siderales.

Y contigo las aguas se vuelven manantiales
al derretir las cumbres su nieve acumulada.
Y las aves regresan a su eterna morada,
retornando con ellas sus trinos musicales.

Sin ti todo parece en la noche despierto
un planeta vacío, tan vacío y desierto
que girando sin rumbo no tuviera ni nombre.

Donde no pasó nunca ni los pies de un viajante,
ni los juegos de un niño, ni la voz de un amante.
Sólo el desierto triste donde se pierde un hombre.

Monticello, N.Y.,
2005

VIDA Y OBRA

Julie de Grandy nació en La Habana, Cuba, dentro del seno de una distinguida familia artística cubana, saliendo al exilio a la edad de seis años.

Comienza su carrera como actriz a los 15 años de edad, y desde entonces ha representado obras en inglés, castellano y francés. Es compositora y como dramaturga ha escrito 14 obras de teatro, seis de las cuales se han representado en Miami, Nueva York, Nueva Jersey, México y Argentina.

Es graduada del Miami Dade College y de la Universidad de la Florida. Entre sus publicaciones se encuentran Quiero ser escritor *(Nuevos Escritores, España, 2005, ensayo);* Enigma de pasiones *(Éride Editoria, España, 2002, novela);* La generación puente *(Editorial Arenas, USA, 1990, ensayo) y* Sentimientos de almas vivas *(Amykasa, España, 1990, poesía). Actualmente, reside en Miami y prepara sus próximas dos novelas. Su página web es: www.julidegrandy.com.*

JULIE DE GRANDY

DE REGRESO

He llegado, mi señor,
sacudiéndome el polvo peregrino
en los espejos de Cocteau.
Por el camino, corté mis trenzas
y enterré mi pubertad, envuelta en tules.
A fuerza de beber sinsabores,
descendió mi tesitura.
Ya no sostengo el Re,
ya no me parezco a las valquirias
He partido la lanza que usaba de báculo,
y me deshice de los anillos decimonónicos.
Ahora vivo ligera, acompañada por la quietud,
en la buhardilla que Mimí dejó deshabitada,
con sueños de Rodin y ecos de Puccini.
Te invito esta noche a visitarme.
Ven descalzo,
y te lavaré los pies …

DREIECK

Sobre la grupa del ocaso dejé caer el peso del recuerdo,
y se desbocaron nuestros momentos, en la languidez de las horas.

La noche me supo a toda una vida …

Me miré la piel teñida por tus manos …

Te sentí de nuevo, desde la lejana mirada,
desde cuando
comencé a respirar sólo el aire de tus suspiros.

Entonces,
fui aprendiendo que para amarte por entero,
no podía detenerme en el linde de tus fronteras.
La simbiosis de tus aguas se había filtrado por mis rocas y
mi cuerpo se había desbordado en el cuenco de tu cuerpo.

Por eso,
te amo en mí, amándome …
Y me amo en ti, amándote …

Hace mucho tiempo
que me perdí al encontrarte,
que dilaté todos los espacios para que cupiera este "nosotros".

Ya no me reconozco sin ti.
Soy otra desde que pronuncié tu primer verbo.

No me acuerdo quién o cómo fui,
ni dónde y cuándo era.

Acaso ahora …
¿tendré que encontrarme, perdiéndote?

LONDRES, 2004

Hipnotizada por el soliloquio de tus pupilas,
se acomodaron,
en mi boca de humo,
tus besos y tu nombre.

Tuve frío…

Y mientras me abrigabas
con poemas de Pushkin,
devoramos la noche de abril,
sobre Wedgwood de luna…

TORNADO PASIONAL

Ventolera de suspiros,
gotas de trastornos,
inquieta y trémula,
labios en pálpito,
ojeras lánguidas,
confusa y clara,
enredado nudo,
salada-dulce,
en espasmos,
simbiosis,
címbalo,
lúdica,
besos,
musa,
¡Ay!
Yo

RODRIGO DE LA LUZ

VIDA Y OBRA

Rodrigo de la Luz (seudónimo de Roberto Martínez), nació en Las Villas, Cuba, en 1969. Publica su primer poemario, Mujer de Invierno, *en Miami en el 2003.* Poesía viva *es su segundo poemario, publicado por Editorial Ultramar en el 2008. Este libro, muy bien recibido por el público y la prensa, manifiesta su angustia vital y su sentido trágico e irónico de la vida. Colabora con revistas impresas y electrónicas como: El Ateje, Decir del Agua, Baquiana, La Revista Hispano-Cubana, Sinalefa, y Editpar. En el 2006 y 2008 se presenta en la Feria Internacional del Libro de Miami, y en ambos años lo invita la Fundación Hispano-Cubana de Madrid a presentar* Poesía viva. *Participó en la lectura de* Dos poetas mano a mano *junto a Denis Fortún, en el Pen Club de Escritores Cubanos en el Exilio. Creció en La Habana, donde estudió actuación y dirección en el Teatro Nacional de Cuba, con el dramaturgo y profesor de teatro, Ignacio Gutiérrez.*

DESCRIPCIÓN DE LA OTRA CASA

A mis abuelos Romualda y Jacinto

Afuera garzas que alzan el vuelo
contagiando de libertad
todo el entorno.

Adentro cacerolas gastadas,
trastos, libros polvorientos,
maniguetas roídas,
gavetas imposibles de acceder.

Afuera el viento que gime,
que se enfunda en el alma,
que enaltece.

Adentro la violencia del olvido,
el posible temblor que te fatiga,
el recuerdo feliz que te abandona.

Afuera el barro jugando
a la sombra del árbol que adorabas,
el pozo desbordado, el río y las tilapias.

Adentro un aire sucio,
un espejo enmohecido
donde te miras y no eres más el mismo.

DE TRÁNSITO

Penden con tanto brío
los sumidos murciélagos del pánico
que es ya una moda volver a las cavernas.

¿Dónde está ese lugar que un día soñamos
sin la fricción de torpes arrumacos?,
¿acaso nunca existió?, ¿lo idealizamos?

Nos fuimos por el mundo
sin sosiego y sin fe,
buscando la magnitud más incompleta.

Nos encontramos solos
con la indolencia eterna de este siglo,
sumidos en la más tétrica tristeza.

Sin lo imperioso y efímero de la palabra patria.
Sin lo áspero y confortable de la palabra casa.
Sin lo sublime y umbrío de la palabra amigo.

...vamos de tránsito,
algo calcina la huella que dejamos
y una negrura densa es lo que queda.

Vamos de tránsito,
la materia olvidada que seremos
se perderá como polvo en el espacio.

PUNTO FINAL

En la metrópolis del beso
enardecido el corazón se calla,
ya le he preguntado y no responde,
sólo se sabe peinar frente al espejo;
con su camisa de rayas me ha mirado
y se sonroja a ratos
deliberadamente inexplicable
se nos echa a llorar.
Recuerda los lugares recónditos del cuerpo,
tiene un par de palabras que le rondan la mente
pero no habla.
Cuando por fin esta ciudad se ponga vieja,
cuando termine el alborozo que ahora reina
le voy a preguntar al corazón
libre de yunques, atajos y revólver;
entonces, si el corazón sigue callado
yo haré silencio y detendré mi paso.

OTRA HISTORIA COMÚN

Yo me siento en el banco de un parque
de la ciudad que recién he inventado.

Aún están húmedas, recién horneadas, las estatuas.
Falta ponerle fuentes, luces, árboles,
repartirles a los niños papalotes
y cambiar los antiguos carteles.

Se quedarán intactas algunas nubes.
Restauraremos todos los faroles.

Ahora sí, ahora tengo una nueva ciudad,
totalmente desnuda de odios,
donde la luz resbala por la piel.

También las frutas nacerán en su momento.
Le pondremos chimeneas a las casas.

Sé que hay portales que volverán a su ajetreo
y una muchacha llorará en silencio,
despidiendo a su héroe en la ventana.

LLAVERO

Colgado del bolsillo
veo pasar transeúntes y automóviles.

Vivo la vida al revés
para que no me dejen en la calle.

Esta cadena ajada me aprisiona,
aquel bolsillo vacío no me tapa.

¡Como si la más importante fuera ella!
(… la llave).

La puerta sabe de mi tesón y de mi empeño.

¡Cuántas veces la mano de un borracho
me busca a tientas, en la oscuridad!
¡a mí, no a ella!

ODALIZ DE LEÓN

VIDA Y OBRA

Odaliz de León, nació en Cuba en 1962. Se gradúa de la Universidad de La Habana en 1992 con el título de Licenciada en Artes y Letras (Filología) y de Bibliotecóloga en 1985. Dirige la Asociación Latinoamericana de Proyectos Culturales "Arte Insomne" y la Editorial Por el ojo de la aguja, en Miami. Sus poemas se han publicado en diversas antologías de diferentes países y ha sido invitada a eventos literarios tales como la Feria Internacional del Libro, Lima, Perú, 1998. Recibió la Premiación del XI Concurso Literario del Instituto de Cultura Peruana, Miami, en el 2002. En el 2003 participó en el V Encuentro Internacional de Poesía, San Juan, Puerto Rico. En el 2005 se presenta en Open Mic Night de Carlos Albizu University, Miami. En agosto del 2008 fue invitada a Lima, Perú, ofreciendo un recital en los Viernes Literarios. Acaba de publicar el libro: Doce deseos y una esperanza, Kalendario Poétiko.

DELIRIUM TREMENS

(Para todos los mortales que como yo, no encuentran la llave de su casa)

Te busco en la punta de la madrugada, mi casa,
azulita casa de Santa Isabel de las Lajas,
casa cuadrada de La Habana,
casa color lluvia de Santa Cruz de la Sierra,
mi casa, la casita de muñecas que nunca tuve …
mi árbol, el árbol donde me subía para jugar a las muñecas
                              —muñecas que no recuerdo—
soy yo, o es el fantasma que habita dentro de mí
y que ahora me dicta las palabras, palabras, casaaaaaaaaaaaaa,
dónde está mi casa, la casa rojiza de Cordillera, la casa lúgubre de
                              [Pueblo Libre,
la de Lurín, silenciosa y sorda como el tiro que aquella noche,
                              [vomitó la pistola,
pistola cargo yo; quiero una casa, mía, mía,
cargo con tantas casas en mi espalda
que no encuentro la llave de ninguna,
o es que acaso soy yo una casa, casa rodante, casa exiliada,
casa repleta de Larco, casa de Miraflores, grande suntuosa y fría,
casa de Miami, la del canal, más sola que un muerto,
o la otra casa soleada y triste como el payaso que la habita,
cuevita, tumba mía, mi casa …
quiero Señor: una casa.

MI CUARTO ES REDONDO
COMO LA NOCHE

Digo pan cuando el mundo ladra
y tus ojos están en el vórtice del abismo.

Corro hacia la despensa de tu manos
pero en tus manos sólo hay mentiras,
y migajas de pan duro.

Me despido de la luna
en la soledad de mi cuarto;
mi cuarto es redondo como la noche,
y los tules de mi cama se mecen
para recordarme que estoy sola;
que te fuiste ayer dejándome tu olor
colgado de la lámpara.

Esa lámpara que ahora,
al encenderla …
estalla.

NO ME CREAS POR FAVOR, NO ME CREAS...

Las olas lavan mis culpas en la noche
mientras tú me esperas tendido en el silencio.

Miento, no me creas, por favor no me creas ...
Aléjate de mis astucias,
mis argumentos entiérralos bien hondo,
no me creas nunca cuando te digo:
que el silencio se parece tanto a la muerte,
y que los espejos me rompieron las pupilas,
cuando deambulaba por los escenarios de la noche.

No me creas, por favor no me creas.
Porque es entonces que llego a ti
con miles de hambres en las sienes,
astillándote el corazón, quebrándote la esperanza.
Y no quiero, no quiero.
Anúdate el amor bien fuerte
no lo desabroches para dormir en mi cama.

Soy una mentira macilenta,
que no deja de fabricar telaraña
no caigas por favor, no caigas,
en las redes oscuras de mi espejo.

90 MILLAS QUE NOS DISPARAN...

(Otro año más sin verte,
Para Lydia, con el corazón hecho pedazos)

Hoy es domingo de Madre,
pero Madre está muy lejos de mis manos,
lejos de esta sed insaciable de tocarla
y desarmarla con mis besos.

Madre y yo hemos vivido para amarnos
desde todas las distancias.

Le he construido templos en Bolivia,
altares de piedra en lo alto del Huascarán.

La llevé a Isla Negra para hacerle un homenaje
y la he paseado por todas las callejas del Viejo San Juan.

Pero Madre se me ha anclado aquí en Miami
y no se me sale del recuerdo.

Y hoy es día de Madre y la lloro en silencio
porque se nos fue el tiempo, se nos va la vida,
y hay 90 millas de sufrimiento
que siempre nos disparan.

AMELIA DEL CASTILLO

VIDA Y OBRA

Amelia del Castillo, poeta, narradora y ensayista cubana residente en Miami, es miembro fundador y Tesorera del PEN Club de Escritores Cubanos en el Exilio. Ha obtenido siete premios internacionales de poesía y cuento en España, Miami y Nueva York (entre ellos, Cátedra Poética Fray Luis de León, Universidad Pontificia, Salamanca). Fue finalista en el Premio Carmen Conde (Madrid), en Letras de Oro (Miami), Mairena (Puerto Rico), Calíoppe y Polimnia (Vizcaya). Aparece en antologías y publicaciones de Argentina, Colombia, Costa Rica, España, Italia, México, Uruguay, y Estados Unidos. Ha ofrecido lecturas y conferencias en Argentina, Canadá, Colombia, España, Francia, México, Puerto Rico, República Dominicana, San Diego, Nueva York, Nueva Orleans, Miami, y Washington. Tiene una extensa obra en los géneros de poesía, narrativa, ensayo y literatura infantil, donde destacan, El hambre de la espiga *(2000),* De trampas y fantasías *(2001),* Un pedazo de azul para el naufragio *(2005).*

A VECES

se despierta alegre como un carrusel
y gira, gira, convocando a los sueños,
al luego, al siempre, al todavía.

Sus ojos –del azul más tierno hasta el negro más arisco–
tienen la magia de espantar los grises taciturnos
y de ver lo que no ven.

Su risa se da, se suelta, se regala y cuando vuelve
trae el aire y el sonido de muchas otras campanas
que bebieron de su amplio eco enamorado.

A veces, se le enjaula la luz, se encabritan los grises,
asoma el miedo, se le tapia la voz
y rompen sus perros a ladrar.

He vivido con ella tanto tiempo
que la llevo tatuada sin remedio en alma y piel.
Me acompaña, sigue, angustia, alegra, cansa …
Pero es mía. La única que tengo y he tenido
desde una tarde de junio
que viene cada año a recortarme el tiempo
y a verme envejecer.

POR RETENER EL CANTO

me enfrento a la orilla filosa de la ausencia,
al miedo, a la palabra *nunca*, al fui, al soy,
a mí y a todos.

Por retener el canto
repito insomne la palabra *siempre*.
Despierto, abro las manos, me levanto,
atesoro la magia de estar viva,
doy gracias y perdono y creo.

Por retener el canto, escribo.
No importa qué ni cómo.
Segura de este ser y estar porque
me queda el canto.

DESDE ADENTRO

una hilacha de alegría
asoma y se me queda en la garganta.
No se atreve a reír. Apenas canta
una Nana al perdón y a la armonía.

Tiene calor de niño y cada día
–como sol que entre nubes se levanta–
sale a ratos y a la sombra espanta
con ardides o con milagrería.

Yo la invito a navegar conmigo,
a alegrarme la culpa y el castigo,
a ser flecha de luz, campana al viento.
Pero cobarde, frágil y sumisa
esconde en mi garganta la sonrisa
negándome el regalo de su aliento.

NO VOY A REGALARTE

sombra,
ni un minuto de paz.
Ni siquiera un pestañear de miedo.
No voy a darle tregua a la ventisca,
ni al huracán, ni a mí, ni a nadie.

Tengo los pies sembrados en un surco
que crece y crece y de crecer se ahonda
erosionando piedras y lamentos
y ni deserto, ni me rindo,
ni me doblo.

No voy a darte paso, Sombra.
No voy a renunciar
a serme.

HOY ESTOY EN PAZ

conmigo –o con la vida–
que es al fin estar en paz con Dios.
No sé si al sacar al sol y al frío
esta nueva piel que estreno
se me encoja, estríe o desprenda
capa a capa hasta dejarme
expuesta y rota como ayer.

Pero hoy… Hoy exhibo esta paz
de fiesta regalada
y la abrazo, la ofrezco, la comparto
sin pensar que mañana, quizás
ya no será.

RAÚL DOPICO

VIDA Y OBRA

Raúl Dopico nació en La Habana, Cuba, en 1963 y reside en Miami desde el 2009. Es poeta, narrador, dramaturgo y guionista. En 1991, en Cuba, ganó el premio Luis Rogelio Nogueras de poesía por su libro El delirio del otoño, *publicado por Extramuros, en Cuba, en 1992. Ese año se traslada a la ciudad de Guadalajara, México, y allí publica una antología de poesía cubana titulada* Tras la huella de lo imposible. *En 1994 es nombrado director de la Escuela Teatral del Estado de Jalisco, México. En 1995, en México, D.F, gana el premio Chamán de Literatura en el género teatro por su obra* El sacrificio, *editada por la editorial Cham y el ayuntamiento de Tlanepantla.*

El 2005, en Miami, la editorial La torre de Papel publicó su novela Dos gardenias para ti. *Desde 1989 produce programas de radio y televisión, para compañías como Televisa, TV Azteca, Univisión y Plural Entertainment, de España.*

IMAGEN HABANERA

Recortes de orgasmos que el cansancio de la noche tira
[a la basura
en el azul del griterío que humea en la sangre de los cazadores
después de que sopesan los destinos para mañana.
La sombra cubre a los ancianos que ya saben despreciar la muerte.
La sombra cubre a las mujeres que no saben de un final feliz.
Y los dioses se disipan en cascadas detrás de las paredes.
Y los hombres son gladiadores que gravitan en lamentos.
Y los niños son hormigas que no tienen hormigueros.

Grotesca. Melancólica es a menudo la voz de La Habana
tendida sin trono sin harina llena de hordas que se comen
el incendio de los cuerpos y el amor de la madera.
Luminosa. Resonante es a menudo el alma de La Habana.
Libre. Mayúscula. Leal. Llena de rincones que abrazan
el seno de una madre y los placeres de la cama.
Suturo la emoción en el ombligo y deshilacho la imagen
mudo en el doblez que sepulto en el destierro.

EL VIEJO

La ciudad moría como hojas en otoño
bajo la humedad, frente a la mancha del tiempo.
Imaginé los muertos ilustres que nadie reconoce.
El horror nunca es gentil.
El tiempo se yergue implacable, el miedo
a extraviarse de la gente huele a rutina.
Cuando regreso a mi barrio por calles de niños malcriados,
un viejo andrajoso que manotea y grita su locura se derrumba
como una baraja entre manos torpes.
Había vivido torciendo los amores
con el precipicio a cucharadas cada mediodía.
Esperó la plenitud, el cielo deshaciéndose en azules
y las ventanas hinchadas de recuerdos.
El viejo delgadísimo y rígido entre todos.
Imaginé con una mueca bajo la manga del pecho,
sí, imaginé hasta reventarme los oídos
y no pude volver a imaginar.
La tristeza que derramó el viejo es peor que la luz vacía.

EL TIGRE

a Lorenzo Feijoo

Se desvanece como la desnudez de un cometa al trote
el gravísimo tigre que deja de reír y sangrar
con la memoria atascada en el polvo de las pestañas.

Se fue destrenzando esquina contra esquina.
Los uno a uno que ha parido se alejan tristes
a descender en otra historia de amigos temporales.

El tigre prepara el funeral de su esplendor,
le rompe el espinazo a las mejillas de los padres,
al beso de las madres que parieron los silbidos del cielo,
al corazón de lagartija que le regaló el hermano.

El tigre se inclina muerto de frío
con la cartera vacía y la felicidad crucificada.
El tigre se desliza por la pendiente del crepúsculo
hasta descuartizar al matador dentro del pecho.

Las imágenes se desvanecen en el ojo tuerto del tigre.

EN MÉXICO LEYENDO A CELAN

No le puedo decir al ojo de la extranjera: sé el agua.

Es el ojo que araña el suelo en la sequía.

Es el ojo sumiso en el que no bailan los reflejos.

En el ojo de la extranjera no encuentro a las del mar.

En el ojo de la extranjera no puedo llamarlas: ¡Regina! ¡Alba!

[¡Ana!

No puedo adornar el lecho de alambre de la extranjera.

No puedo adornar el reguero que habita el corazón de la extranjera.

No puedo decir a las del mar que duermo con ella.

No puedo dormir con la extranjera que no sabe saltar hacia el abismo.

¡Regina! ¡Alba! ¡Ana! me duelen en la embestida de la sal.

No le puedo decir al ojo de la extranjera: sé la lámpara.

Yo soy la luz desde que dormí con ellas.

JULIO ESTORINO

VIDA Y OBRA

Julio Estorino nació en Unión de Reyes, provincia de Matanzas, Cuba, en 1943. Escribe desde su infancia. Recibió asilo político en Estados Unidos en 1963. Obtuvo sendas licenciaturas en Español y Ciencias Políticas en lo que es hoy la Universidad Católica de Santo Tomás, en Miami, Florida. Ejerce el periodismo radial y escrito y ha publicado dos poemarios: Patria y pasión, *en 1975 y* Cimarrón en monte extraño, *en el 2004. Algunos de sus poemas han aparecido en diferentes antologías y otras publicaciones.*

¡VEN!

Ven por el noble sendero
del sufrimiento vivido,
ven por el cuero curtido,
a fuerza de burla y cuero.

Ven por el árido estero
de la sed que nadie advierte,
por la mentira del fuerte
que llora donde no es visto,
ven, mi señor Jesucristo,
Señor de vida en la muerte.

Señor de Vida en la vida,
Señor de la vida cierta,
ven por la arrogancia muerta
después de cada caída.

Ven por la lanza deicida,
por cada espina en tu sien,
pero, ven, señor, también
por la indecible alegría,
la que inunda el alma mía
cuando a Ti se entrega … ¡ven!

JOSÉ EMILIO FERNÁNDEZ

VIDA Y OBRA

*José Emilio Fernández nació en Santo Domingo, Las Villas, Cuba, 1974, en el seno de una familia de intelectuales. Hace estudios de artes plásticas, música y finalmente se encuentra atrapado en un mundo de versos. A los 17 años –y siendo estudiante de medicina– obtiene el primer premio de poesía en su pueblo natal, y no abandona su oficio. Para ese entonces ya había escrito sus dos primeros poemarios (*Otredades piel adentro *y* Los puentes de mi raza*); una suma de emociones, concatenadas a la vez con el dolor de no poder gritar en una sociedad que lo asfixia y le roba su voz. En 1997 llega a Miami. Cursa estudios en el Miami Dade College, escribe, y obtiene premios de poesía. Actualmente reside en la ciudad de Coral Gables. Logra una carrera en el mundo de la administración farmacéutica, y escribe otros dos poemarios (*En la hora de los peces *y* Los rostros inconclusos*).*

LAS CALLES

El pavimento esconde las ansias de mis ancestros.
Las calles no son las mismas,
y sin embargo
reconozco mi cansancio entre las hendijas y las piedras.

Las calles no son las mismas.

Me apresuro.

Temo olvidar el color del lodo que me expulsa;
los aguaceros que escondí en mi garganta.
Estoy a la distancia del mar;
y el mar es el puente,
    y el puente el albedrío;
            y el rescate aflora sin temores,
me pinta el rostro de amaneceres.

Las calles no son las mismas,
quizás mis desvelos.

Ahora existo más allá de los milagros.
La magia llega y adorna mis manos
con los puentes y el azul,
tal vez el viento.

Las calles no son las mismas;
no mutilan mis sueños,
me bendicen
y llenan mi entrecejo de despertares.

–Por curiosidad– aprendo a caminar,
sin recelos.

ORLANDO IGNACIO FERNÁNDEZ

VIDA Y OBRA

Orlando Ignacio Fernández nació en La Habana, Cuba, en 1946. Estudió medicina y se hizo especialista en cirugía general, profesión que desempeñó por más de veinte años. En 1997 hizo un retiro voluntario preparatorio de su viaje a Estados Unidos, el cual se produjo en el año 2000, en compañía de su esposa y dos hijos. Actualmente se desempeña como administrador de casos de pacientes psiquiátricos. Recientemente se graduó de enfermero en un curso para médicos extranjeros.

Asistió a un curso de Creación Literaria en el Miami Dade College en 1996. Ha colaborado con poemas y cuentos en varias publicaciones electrónicas tales como cheveremiami.com, Voces de Hoy, e In-genio Literario. Durante el año 2008 publicaron cinco de sus poemas en España –los dos más recientes en una antología convocada por La Voz de la Palabra Escrita Internacional, de la cual es miembro.

AMORES, AMORES

Ese amor que vive a diario
el que entra por la cocina
el platónico
el que todo lo puede
el que con amor se paga
el de los tiempos del cólera
el que con su fuerza mueve la tierra
el que vive de recuerdos o ilusiones
el amor brujo los amores difíciles
el que nada exige y todo lo entrega
el de Salomón y la reina de Saba
el de Julio César Cleopatra y Marco Antonio
Rosario y Popeye
el amor de juventud
love is a many splendored thing
el de amaos los unos a los otros
todos sin excepción
debían quitarse el sombrero en señal de respeto
ante el amor imposible

RAMÓN FERNÁNDEZ-LARREA

VIDA Y OBRA

Ramón Fernández-Larrea nació en Bayamo, Cuba, en 1958. Poeta y humorista, ha publicado los poemarios: El pasado del cielo (*La Habana, 1987*), *Premio Nacional de Poesía Julián del Casal, de la Unión Nacional de Escritores y Artistas de Cuba, en 1985;* Poemas para ponerse en la cabeza (*La Habana, 1989*), *Premio XX Aniversario El Caimán Barbudo, La Habana, en 1986;* El libro de las instrucciones (*La Habana, 1991*); Manual de pasión (*México, 1993*); El libro de los salmos feroces (*La Habana, 1995*); Terneros que nunca mueran de rodillas (*Santa Cruz de Tenerife, 1998*), *Premio de poesía Julio Tovar en 1997;* Cantar del tigre ciego (*México, 2001*) *y la antología personal* Nunca canté en Broadway (*Barcelona 2005*). *En el 2005 editó también* Kabiosiles. Los músicos de Cuba, retratos poéticos y musicográficos. *Reside en Miami desde el 2005. Ha sido guionista de los programas de televisión* Seguro que yes (*Canal 41 América Tevé*) *y* Esta noche tu night (*Mega TV*).

LA SERENIDAD

el secreto de la felicidad es tan secreto
hermosa mía es tan oculto todo
parece inalcanzable y uno se desangra
tendrá tal vez que ver con tu manera de enfrentar el amanecer
de sentir esos pájaros que saludan a coro
atravesando el cielo helado con su sonido

pero luego te alzas y entras a la vida diaria
rezongando con la sangre caliente
y los pájaros vuelan al infinito y ya no se les siente

el secreto de la felicidad puede ser la serena
frugalidad con la que pones dos tazas de café junto a las hierbas
entonces de tus ojos caen cansados brillos
como pensando en el día de mañana
en la lejanía en el rumor de los aviones que interrumpen
y el humo del café se desprende
y es un fino olvido.

Barcelona, 30/07/2003

MINIMALISMO

yo te quería
tú ponías de tu parte

escribí cosas sobre tu cuerpo
incluso
apuntes de un domingo desenfrenado

tú sonreíste en silencio

la noche era tu territorio
a mí la luna me espantaba

amabas los teléfonos
el cenicero de barro
sentir los duendes del romero

mi país son las puertas
el cadáver que cuelga
al final de mi infancia

el rechinar de una carreta negra

veo demonios en el agua

un sello de correos
nos hace flotar o morir.

ORIFICIO DE BALA

A Manuel Díaz Martínez

donde antes se extendía un país ardiendo
un relumbre esmeralda
lleva la marca de un disparo que a veces
suele espantar con sus gritos de humo

en lo que fuera alguna vez un paisaje
una memoria de la que salía el júbilo
como relumbres verdes o cabellos
tiene el fogonazo de lo inalcanzable
una lágrima en el destello de una lanza muy
vieja

donde parecía que hubo una casa
o la luz de una ventana que se avizora
tras un follaje como mujeres que cantan
largas canciones bajo la luna desarmada
hay una cicatriz
una larga y delgada cicatriz
que parece también un país por sus bordes
rugosos y arrancados de cuajo.

Barcelona, febrero del 2005

RESTOS

hay que ver hay que ver
la mañana enterrando a la noche
espesas las dos desconocidas
odiándose
como una hija que no quiere
ver en su madre a la asesina
bajo los árboles quedan besos oscuros
dados apresuradamente sin digerir
y hay también como un humo insolente
del último borracho que pronunciaba
un nombre de mujer tantas veces maldecido

en los portales trozos de cielo
y palomas con hambre de otra espesura

en una esquina la desnuda muñeca
apenas ya sin labios sólo un peligro
y el cepillo deshilachado
del viejo solitario que agonizó en la madrugada
y que irá despeinado al infierno.

UN TIPO LE CONTABA A SU PADRE

he visto una pared con mucho musgo
tiene al final una imitación de gaudí
en plena calle córsega y es inaudito

el padre moría lejos no sabía qué era el musgo
le importaban un carajo gaudí o alejandro magno
él se moría de puro sol y la palabra inaudito
tampoco le importaba mucho pero moría
con esa lentitud que tienen los que uno ama
y esperan cartas con elegante desesperación

papá he visto ayer un frontal una fuente un frontón
he visto cómo se derrama el sol en el barrio de gracia
miré con otros ojos el montjuic
me he conmovido con la sagrada familia

y en su lenta vigilia el padre se olvidaba
de la sombra asquerosa que le escribieron
viajó todos los sueños respiró sin reír
y en la última carta tuvo cara de bueno.

Barcelona 11/08/2003

ALEJANDRA FERRAZZA

VIDA Y OBRA

Alejandra Ferrazza nació en Buenos Aires, Argentina. Estudió Arquitectura y Urbanismo en la UBA (Universidad de Buenos Aires.). Concurrió al taller de narrativa de Susana Silvestre (Argentina). Aparece en la primera y segunda Antología de Narrativa y Poesía *de "Nuevo Milenio" y en la* Antología de Cuentos *del Club Cultural de Miami "Atenea". Participó en dos concursos de narrativa obteniendo el segundo y tercer lugar (Liart Internacional). Fue elegida para formar parte de los talleres de Telemundo/Miami Dade para escritura de guiones para telenovelas. Es cofundadora de Proyecto Setra/Artes (institución sin fines de lucro dedicada a promover el arte y la literatura) y co-dirige un Taller Creativo mensual en Books & Books. Es también subdirectora de la revista impresa Nagari.*

CELEBRACIÓN

No quiero el húmedo albergue final.
Prefiero el crepitar
que me convierta en ceniza,
la lengua caliente
que abrazará mi sueño.

No quiero la verde oscuridad,
enmohecida por las lluvias
del encierro...

Quiero pensar en el rojo,
en la chispa amarrilla
de mi última fiesta.

ILACIÓN

El pincel recorre el lienzo
como tu mano me acaricia.
Trazos de luz sobre la casta tela.
Reflejados en el cuerpo,
a través de la ventana de vidrios biselados:
los rayos del prisma;
refracción que me define.
Aletargada ante el provocativo olor
de aguarrás y buhardilla,
fluyo hacia un espacio inerte
y me proyecto en tu tiempo.
Los colores, la tela y yo,
una misma cosa
unificadas por el ojo
y tu mano precisa.
Tenue sonoridad
que emana del silencio...
y tu pincel que roza el borde de las cosas.

SIN TÍTULO I

un pequeño patio-jardín
una pared de piedra
y esa rosa creciendo en el aire
aspirando poemas
leídos a la intemperie

hilo de agua sobre lajas negras
corre entre tus pies y los míos
concertando citas
apurando la hora

diríase obsoleta la charla
mientras miras con tus ojos
absurdos
y las voces descosen
codificando a ciegas

SIN TÍTULO II

Desperté la mañana
con sabor a beso.

Ventana abierta al corazón.
El viento, trajo un suspiro.

Guardo asombrada
la espera de un verso.

En la distancia
crece el rumor.
En la distancia...
todo es posible.

VINCENTE FORTE SILLIÉ

VIDA Y OBRA

Vicente Forte Sillié nació en Caracas, Venezuela, en 1975. Además de poeta, es abogado, escritor, guionista y documentalista. Ha escrito para radio, cine, medios impresos y para la Web. En el año 2006 fue galardonado con la Mención Honorífica del Primer Concurso Nacional de Largometrajes de Ficción llevado a cabo por La Villa del Cine, gracias a su desempeño como co-guionista del filme Caracas, tiempo real. *Actualmente reside en Coral Gables, Miami, ciudad donde obtuvo una certificación como documentalista, otorgada por la Universidad de Miami. Además de sus actividades como escritor, se desempeña en otras disciplinas artísticas como la pintura y la fotografía. Es parte del equipo de la productora Trimedia Films y fundador de la Org. Underground Project, dedicada a la promoción de artistas emergentes y subterráneos.*

LÍNEA

Ando caminando
sobre la base
de patines de hielo,
sobre la delgada línea
que separa lo cursi
del sentimiento perfecto;
ando cruzando
la guaya de la duda
a tres mil pies de altura,
a pulso,
sin paraguas, sin barras, sin arneses;
ando transitando
los caminos puntiagudos
de la desesperanza.

Nunca pensé
que este vacío
tuviera tantos caminos
y tantos ecos.

ESCRITOR

A Gertrude

Descubrió
que todo significa
lo que significa.

Ahora se dedica
a escribir
páginas en blanco.

MENESTER

Es menester dejar un cascarón vacío
para que los chismosos
sólo consigan
apartamentos vacíos
historias ya contadas
balcones abiertos
espejos tapados por sábanas
adioses ya dichos
ayer
ecos…

DENIS FORTÚN

VIDA Y OBRA

Denis Fortún nació en La Habana en 1963. Poeta y narrador, ha publicado artículos, reseñas, poesía y cuentos, en diversas revistas de Cuba y el extranjero, lo mismo en formato digital que impreso, así como en diarios de la ciudad de Miami. Ha ejercido igualmente como editor. Trabajos suyos y entrevistas que ha realizado a personalidades de la cultura en Miami, aparecen con regularidad en bitácoras personales de otros autores en la Internet. Es creador del Blog Fernandina de Jagua I. Su poemario Zona Desconocida (Editorial Editpar, décimas,) se presentó en Miami en el año 2008. Participó en la lectura de Dos poetas mano a mano junto a Rodrigo de la Luz, en el Pen Club de Escritores Cubanos en el Exilio. Cuenta con tres libros de poesía inéditos, otros dos de narrativa, y una novela. Textos suyos han sido incluidos en varias antologías de narrativa y poesía en Cuba. En estos momentos su libro de relatos, Los cocozapatos no eran de rosa, está en proceso de edición por la editorial Silueta.

HUECOS

para mi hija Denisse

Con tantos baches al borde de una Isla
pretenden pavimentar la luna
y de una vez domar a la marea;
pero están los huecos de la calle Morgue
y la terrible falta de un camino.
Siempre más, siempre Más: la letanía.
¡Nunca Más! ¡Nunca Más! –dice el *Poe* ta– .

Wounderland (profuso turismo de *Alice*)
es donde Agosto enfría sus calores
entre las patas de una liebre loca
que va cantando *Sweet Home Alabama*
Never More! Never More! –promete El Santo-
"Porque mi luz y verbo te acompañan"

¿Nunca Más no es Never More? –pregunta El Cuervo–

AIRES

Acteón, los perros, comen un bistec,
es carne de una nalga de Virgilio.
La foto ya se cuenta en ocho meses:
historias de un eterno disidente
que escapa directo a Buenos Aires.

Aires Fríos pretenden su retorno.
Es el "cálido" volver a la tierra
de máscaras y terrores isleños
en El Gato Tuerto donde una puta
seduciendo a un falócrata estadista
pretexta su manía por la luna
que apenas si disfruta en su ejercicio
pelviano al cerrarse su mirada
por miedo a mamíferos de versos.

TODO EL HUMO A LA HABANA
POR SUS HOMBROS...

Enciendo mi tabaco y todo el humo lo soplo a La Habana por sus hombros; le ruego a San Cristóbal; una tos avinagra un cañonazo; oscura se fermenta la hora nueve; a los ingleses ... (qué les importa a los ingleses si la esperanza de una Habana beso en el golfo puede estar enferma).

Suerte, Aggayú apenas se acomoda un golpe y terco me invita a otra vuelta a la Ceiba.

Disfruto mi tabaco como un *weekend* de nostalgias; me fumo en su vejez las utopías de aquella otra Habana usando los pulmones de varios marineros que regresan pidiendo su noviembre, los míos no me alcanzan; pienso que Dios al hacer el milagro de la luz no imaginó la realidad de las sombras.

PRONTITUD

Para mis hijos Daniela y Denis.

La prisa por dibujar
la transparencia en las algas sobre la cresta de un águila
me la provoca esa barca
que ha naufragado en lo verde por navegar la montaña
donde las hojas de un libro le hacen su corona blanca
y se convierten en fieras
que van matando palabras
guardando la desnudez que predica mi esperanza.

La prisa por dibujar
es que un día se nos vaya a prohibir que pintemos
del mundo todas sus algas;
y algo que va,
y… sí,
sucede,
nos alejen de las águilas.

MARLENE FUENTES LÓPEZ

VIDA Y OBRA

Marlene Fuentes López (Santa Clara, 1969), es publicista y editora. Se graduó de periodismo en 1992, en la Facultad de Comunicación de la Universidad de La Habana. Reside en Miami desde el 2002. Trabajó como editora del diario El Nuevo Herald en el año 2003. Actualmente se desempeña como editora de Proyectos Especiales de Univision Interactive Media.

LA SOLEDAD

La soledad es una pared blanca,
un boleto hacia el olvido,
un réquiem por los ausentes.
La soledad es mi tiempo de odio y escombros
un quejido íntimo sin eco
que se ahoga en la desesperanza.
La soledad es un ave oscura que grazna en la ventana
mientras maldice su hambre en la dureza del muro,
es este golpe seco y el hosco silencio
de mi cuerpo contra el mundo,
es esta rabia que estrujo mientras caigo.
Todo lo que no he dado pesa como culpa,
todo lo que di falta ahora
para salvarme.

LA BÚSQUEDA

He salido con la sensación de hallarte
como si alguien susurrara tu nombre.
Un viento cálido sonrió con tus labios
pero sólo trajo un fragmento inasible,
como cuando estabas
repartido en toda la ciudad.
He revisado Internet
pero no hay un perfil
que tenga la demencia de tus ojos,
esa extraña manía de buscar el reverso
como si la vida fuese
darse contra los demás.
Pensé escribirte,
contarte que te he elegido,
que eres una mirada de alivio
para quienes vamos de alienados
pero no hay consistencia física
y faltan letras para descifrarte,
sigues siendo un extraño,
la ficción de una mujer desesperada,
un espacio donde sólo cabe el deseo,
mi deseo.

LA OBSESIÓN

Soy una pupila desvelada
Una obsesión que se cuece en silencio.
Al borde del grito
desciendo sobre mi cuerpo,
sueño con una gravidez huérfana,
que la muerte codicia,
su aliento rancio besa mi ombligo
y arranca el latido.
No hay estertores del parto,
ni fuentes rotas, ni llantos de alivio,
sólo la sensación de pérdida,
el vientre árido, desinflado,
tanta miseria en un cuerpo
del que no quedará
ni la memoria.

LA VISTA

A Tita, in memoriam

Vengo con los muertos,
traigo un poco de lluvia
y una vieja carta,
palpo el muro buscándote
pero sólo acaricio hormigas
letras que sentencian el fin.
Hoy quisiera hundirme en la tierra
pasar del calor de esta tarde
al frío de tus huesos
tristes y solos,
amarillos.
Vengo a mostrar
mi pliego de llantos
pero la humedad bebió tus ojos,
tus manos son raíces
rígidas,
tan profundas
que esta lluvia
parece ceniza leve,
humo estacionario que flota
sobre tu cuerpo deshecho,
sobre mí que lloro
pulverizada, sepultada al fin
como un jirón más de tu vestido.

EL REGRESO

Me quedaré en esta casa
ahora que todos se han ido,
traeré de vuelta
el murmullo de las goteras
y las mariposas suicidas
en torno a la breve lámpara.
Tu voz contará historias
de caminos malditos
y difuntos con sed.
Desgranaré tu nombre
cuando llegue la cosecha,
mi llanto devolverá el cauce
al viejo pozo,
y abriré las puertas selladas por el luto.
Quiero que sepas que he vuelto,
que estoy aquí
para sepultar el duelo
y habitar tu ausencia.

TERESITA HERRERA MUIÑA

VIDA Y OBRA

teresita herrera muiña [la autora prefiere su nombre en minúsculas] nació en Matanzas, Cuba, según dice, "una noche de tormenta frente al mar, bajo el signo de Virgo, con un ansia infinita de hacer preguntas y domar los acertijos". Ha publicado en Editorial Gaveta, Hanábana, Carta de Matanzas, La Tórtola, Yumurí, Hacer Algo, Arique y Avances (N.Y.). Está incluida en las antologías Poetisas Matanceras, Poetas en Matanzas, La Ciudad de los Poetas; *y en la* Colección de Poesía *de la Editorial Ego Group. Ha sido galardonada en los concursos Premio de Amor Varadero, América Bobia, José Jacinto Milanés y en el primer Concurso Nacional Independiente Pedro Luis Boitel. Sus libros de poesía inéditos son:* Punto de Mira: Jabalí; Y de Pronto el Fuego; Andar la Cuerda; Cuaderno de Till; *y* Una Voz desde la Hoguera.

EL HECHIZO HABITABLE

Si te busco no te nombro,
si te nombro te rescato,
si me sueñas te respondo;
si te sueño aquí estarás.

T.H.M. (Martes 12/02/08)

En la almohada, más unidos, reposan nuestros sueños; tiernamente te regalo en el cristal de la ventana los puentes de mi infancia. Con amor despliegas ante mí los helados torrentes que descienden; como niños traviesos jugando a esconder la inocencia. Nos atrapa la gula que nos cose poro a poro… y el furioso potro se lanza contra el viento; con magnetismo feroz me revelas una intacta geografía que sólo descubrimos de piel a piel. Exhaustos regresamos a la vigilia diaria que se resume en la hora de la cena. El amor es como las vueltas que da la noria. Tu cuerpo ansioso me acecha, me logra y remodelamos la historia tan gastada como los dinosaurios. Tu Corazón susurra al unísono del mío. Estrenamos las palabras repetidas una y otra vez, pero siempre nuevas, que asumen los amantes en la cadenciosa asfixia. El embrujo el nido lo cobija; los olores conjugados en la cocina confirman el vaivén del hechizo y lo habitable. Una mano anuda a otra mano y deposita una flor. Una puerta se cierra dulcemente y, somos tú y yo, únicos en la creación.

Del cuaderno *Juglar y otras ecuaciones*

ROLANDO JORGE

VIDA Y OBRA

Rolando Jorge nació en Cuba, en 1955. Escribe cuentos, poemas y ensayos desde joven. Ganó en Cuba menciones en los concursos de poesía Premio David y Premio UNEAC, 1985. También ganó mención en el concurso de Poesía Eugenio Florit, Miami, 2002. Ha publicado los libros de poemas: Admoniciones *(La Habana, 1990);* El linchamiento de los Caballos Expósitos *(Caracas, Venezuela, 1998);* La ciencia de los adioses *(Miami, 2004);* Sombras viajeras *(Miami, 2005);* Toda la belleza del viaje *(Miami, 2007). Ha publicado poemas en dos antologías en Cuba, una en España, y dos en Miami.*

LOS AMANTES

para Víctor Hugo Ramallo

Tenían una mesa que mira.

Tienen una mesa aquí, que mira y no ve
y es su rayo, y aquí parece rancio
ese hablar, del yuyo en requisitorias de papel.

Algunos llegan a creer al arroyo ciego
honrado si es que puede, del hambre
bajo tábano; algunos llegan; se mudan
a caminos derruidos, la gente en ellos;
ellos bajo papel si no tienen.

MAGDA KRAW

VIDA Y OBRA

Magdalena Cruz nació en La Habana, el 6 de junio de 1948. Bajo el pseudónimo Magda Kraw se da a conocer como poetisa y guionista radial desde principios de la década del setenta. Se desempeñó como Asesora Literaria en varios municipios habaneros. Colaboraciones suyas aparecieron en la revista Revolución y Cultura Internacional y su novela Para Seguir Viviendo *se transmitió por Radio Progreso durante 1990, año en que funda el grupo disidente "Proyecto Cívico Opción Félix Varela. Llega a Estados Unidos como refugiada política en 1992.*

Representó a Miami en el Encuentro de Escritores Latinoamericanos convocado en el 2007 por la Asociación Literaria ALIRE de Chile; su poema "Espejo" forma parte de la antología recordatoria de dicho evento. Los poemas aquí incluidos pertenecen a su poemario inédito Estaciones y Retoños, *escrito entre 1976 y 1992. El ensayo sobre filosofía mística* Descubrir La Raíz del Loto, *está próximo a ser publicado.*

ENCUENTRO CON EL POETA

¡Desvístete Madonna!
Limpia tus contornos de impía vestidura
y que la desnudez de tu templanza
endurezca las cenizas de la duda.
Avanza sobre el gélido y poblado pavimento
y que los días perezcan devorados
por el fuego voraz de tu locura …
¡Convéncete de lirios y camina!
Un abanico de palomas se despliega
para mecer con leves vientecillos
las oleada de tus dedos,
y pronto de sus ondas
verás nacer de nuevo la poesía.
¡Descúbrete Madonna!
Enciende de una vez todas tus lámparas
para que estallen las mañanas desde el sol
alegres, tibias y descalzas.

POR LA VOZ DEL POETA

"Pones una valla a tu propio ser, y luego llamas con voces infinitas,
a tu ser separado. Y esta parte de ti mismo es la que ha encarnado
en mí".

Rabindranat Tagore

Hay frialdad de vidrio roto en el fondo de los ojos,
severos náufragos del tiempo, cristalinos ópalos dormidos
sobre lápidas.
El verso como pasto del insomnio de la llama,
hace catequesis en los cuerpos que andaban esparcidos
en el vuelo de los mirlos.
Espasmo, incandescencia, cálculos vencidos...
domingos eternos sobre ruedas calladas y perennes...
Así va: caminante y espectro porque el día
es un lento espejismo.
Cantos que devora la memoria si no rozan el papel...
mañana de otoño escondida en el bolso del deseo
que sucumbe al despertar del sueño.
Todo reposa en la palabra que si no se derrama
muere convertida nuevamente
en raudo paso de ave por el cielo acrisolado de la voz.

RESIDUAL

Con respaldo del misterio por los precipicios caigo
dentro de mi cuerpo palpitante
y en el río de mi sangre se hace líquido
el sonido de mis pies que van a detenerse
donde mejor se palpa la transparencia
Un crístico estampido
me devuelve a la calma cuando al llanto
se le escapan los aromas naturales.
Queda entonces el poema en la última sonrisa
donde cumple su misión de cascada
clemente y espumosa.
Con respaldo del misterio algo inexplicable puso
entre mis labios un beso.

FÉLIX LIZÁRRAGA – 101

VIDA Y OBRA

Félix Lizárraga nació en La Habana, Cuba, en 1958. Tiene el título de Licenciado en Artes Escénicas. Ha publicado la novela Beatrice *(Premio David, 1981), y los poemarios* Busca del unicornio *(La Puerta de Papel, 1991),* A la manera de Arcimboldo *(Editions Deleatur, 1999) y* Los panes y los peces *(Colección Strumento, 2001). Poemas, cuentos y ensayos suyos han aparecido en diversas antologías y revistas literarias cubanas y extranjeras, entre ellas,* Nuevos narradores cubanos *(Siruela, 2000), y* Island of My Hunger *(City Lights Books, 2007). Recibió el Premio Fronesis de Poesía Erótica de 1999. El Grupo de Teatro Prometeo del Miami Dade College ha estrenado sus obras* Farsa maravillosa del Gato con Botas *y* Matías y el aviador. *Reside en Miami desde 1994.*

GALILEO

Pero se mueve, sí, pero se mueve,
Pero se mueve y seguirá moviendo
Aunque de duros clavos pendiendo
Mi cadáver en esa cruz se eleve.
Aunque Pedro Simón tres veces niegue,
Aunque yo mismo niegue lo evidente,
No cesará en su curso la corriente
Y calor dará el fuego adonde llegue.
Las cosas son, por mucho que se intente
Decir que no, que no, que así no debe
Ser, y son lo que son, y tercamente
Es fuego el fuego y la nieve es nieve.
Puede el juez castigar; que el monje ruegue:
Pero se mueve, ay, pero se mueve.

LOS ÁRBOLES,
Y EL VERDE HERBAL...

Los árboles, y el verde herbal
en el callado amanecer
brillan, pues el rocío al caer
todo lo hace de cristal.
Y la muchacha en el portal
mira la luz aparecer
y se arrebuja con placer
en la gris seda de su chal.
Cuadro de algún pintor inglés
parece la ilusión que ves,
pues la Naturaleza fiel
imita al Arte sin parar
(Eso lo dijo el buen Oscar).
Y sale el sol, como la miel
que se derrama de un panal.

A REBOURS

A Moreau vio Casal pintar un día
al cisne amante de la blanca Leda,
y a Salomé, bailando todavía,
y cuando, lívida bajo la seda,
la cabeza terrible sostenía.
Todo lo describió, sin que se pueda
dudar que lo vio sólo en la mirada
de Des Esseintes, como en el reflejo
de oblicuo, oscuro, misterioso espejo;
de Des Esseintes, que rozó la nada
y quiso regresar, sin que supiera
bien la razón. Acaso es concebible
que prefirió la vida al imposible
diálogo de la Esfinge y la Quimera.

AMÉRICA MARA MANZANO

VIDA Y OBRA

América Mara Manzano nació en Miami, Florida, el 31 de agosto del año de 1987. Cursó estudios en Miami Dade Honors College y Florida International University Honors College del año 2004 al 2008, y allí alcanzó un bachillerato en Literatura Inglesa. Ávida lectora de la poesía en lengua castellana e inglesa, desde temprana edad sintió deseos de componer trabajos en los que la imagen literaria se evidenciara. Autores como José Martí, Elizabeth Barrett Browning, William Shakespeare y Geoffrey Chaucer han marcado su gusto estético. La Edad de Oro, del escritor y patriota cubano, José Martí, se convirtió en una las obras preferidas de su niñez. Actualmente es profesora de Literatura Universal en Hialeah High, Hialeah.

YO

Te he amado con pena en lugares oscuros,
con locura a plena vista
y escondida en el silencio,
en Brasil, Jordania, Francia, Australia;
pero igual en la esquina de tu casa (o la mía)
incómoda y ferviente
apurada y de forma lenta,
bajo la sombra de unos pinos,
entre los brazos apasionados del Atlántico,
en todos los elementos,
mojada de lágrimas celestiales
y hasta haciendo una llamada pública,
en unas escaleras abandonadas,
en un edificio recién nacido
y a veces con el calor de un motor a mis espaldas.
Cuando muera, danzando sobre nubes,
o tal vez revolcándonos en la tierra de gusanos,
no te dejaré... de amar.

DESCONOCIDO

No sé si creer en ti, ¿sabes?
Algunas veces miro al azul
y exijo a las nubes que me dejen ver
y te leo en libros,
y te miro en películas;
pero al fin no te llego a conocer.
Cuando joven hablé contigo
y en las canciones de un templo sin pastor ni curas,
te canté.
Es por ti que hablo en lenguas
y ¡qué cosas!,
sin ti no sería yo.
El hecho de tu nombre
afirma tu existencia,
mas, al pasar los años,
y los cielos y las tierras,
y los segundos,
sin aire sin aliento,
siento tu carencia en mí.

ESTACIONES

¿Quién dijo que Otoño y Primavera
no se parecen?
Ella pinta la blanca nieve
y él, le cambia el semblante
al verano tibio y verde.
¿Quién dice que están muy lejos
el uno del otro
y que no se pueden hablar?
El encuentra siempre el frío
que pierde la Primavera
y veloz la seca hoja entierra
que vio ella florecer.
¿Quién afirma que el Otoño
no dejó su huella
en la hermosa Primavera
si fue él quien la vio nacer,
crecer y convertirse lentamente
a su imagen?

RODOLFO MARTÍNEZ SOTOMAYOR

VIDA Y OBRA

Rodolfo Martínez Sotomayor (La Habana, Cuba, 1966) llegó a los Estados Unidos en 1989. Cursó estudios de periodismo en el Koubek Center de la Universidad de Miami. Sus artículos y críticas literarias han aparecido en revistas y periódicos de los Estados Unidos y España. Ha publicado los libros de relatos, Contrastes *(La torre de papel, 1996),* Claustrofobia y otros encierros *(Universal, 2005) y* Palabras por un joven suicida *(Silueta, 2006). Cuentos suyos han sido incluidos en recopilaciones y antologías como* Cuentos desde Miami *(Editorial Poliedro, Barcelona, 2004),* Nuevos narradores cubanos *(Siruela, Madrid, 2001), traducido al francés por Edition Metalie, al alemán por Verlag y al finés por Like. Su poesía ha sido incluida en diversas revistas literarias y antologías de los Estados Unidos.*

ENTRE TUMBAS

Camino entre tumbas y el viento,
disfruto esa felina costumbre
de acomodarme a los rincones
que me son familiares.
Una almendra en el suelo
me permite meditar
en ese afán de trascendencia
del hombre, mientras la llevo
a mi boca, pienso que tal vez
devoro los restos de un muerto
convertido en fruta.
Camino entre tumbas y el viento,
disfruto este hábitat de la grama
que evoca la quietud,
Ese rincón del mundo donde culminan
todos los sueños.
Y navego en el soliloquio que concluye
en saber la inutilidad de un mañana.

PARADOJA I

El marinero llega cargado de noches,
el soldado llega cargado de muertos.
El funerario tiene un oficio triste,
ha hecho su fortuna sobre el dolor
de los otros,
ya nada lo diferencia de los magnates
de las armas.

Un donante de órganos sueña
con la eternidad, ha convertido su egoísmo
en un gesto altruista.

Con fuego y azufre fueron pulverizadas
Sodoma y Gomorra para que pagaran
el precio del pecado.
En una noche hemos borrado
cientos de ciudades muchos años después,
para que nadie dude que fuimos
creados a imagen y semejanza

PARADOJA II

Alguien ha descubierto la relatividad
del tiempo, que un minuto de placer justifica
discursos de optimismo ante las horas de dolor,
que la esperanza de paraíso es un pretexto
para que el hombre no se resienta ante la muerte.
A ese alguien pacifista y culto lo culpan de idear
la materia prima perfecta para el crimen en masa.

Alguien escribió un día que "un hombre puede ser
derrotado pero nunca vencido", ese mismo alguien
culminó sus días sucumbiendo ante la tentación
suicida de la derrota.

La paradoja es la madre de la historia
y el caos que nos hizo el perfecto orden de las cosas.

ACCIÓN DE GRACIAS

He visto a la balanza
ascender con la justicia,
mientras se inclinaba a su derecha
con el oro y el poder.

He visto a Espartaco
olvidado, mientras llenaban
de gloria a Napoleón
y coronaban con el recuerdo
sus conquistas de águila rapaz.

He visto la miseria junto al digno,
y la riqueza en el arca del servilismo.

He visto a Lincoln
morir ensangrentado,
y en paz junto a su lecho
a Stalin cerrar los ojos.

He visto tantas cosas
que niegan tu piedad,
y aún te doy gracias
por haberme dado los ojos
para mirar el espanto.

EVASIÓN

Una mujer se escuda en la tristeza,
para culpar a la vida de sus errores.
Un hombre descubre que ella le es infiel
y cubre de agasajos su tiempo,
para impedir la inevitable estampida.
Ella dice que su amante es un bosque
de abedules entre un largo espacio de arena,
un Oasis para un viajero bíblico
que persigue una estrella,
una sombra en pleno día como huella de sol,
una sinfonía para sordos;
una danza para quien mira detenido y postrado
los pasos ajenos.
En ese momento, de nada valen
los recuerdos de una época feliz.
Lo no vivido pesa más que un conocido pasado,
transformado en tediosas memorias,
El misterio es aquello que siempre se desea
y no se conoce aún.

ÁNGEL ANTONIO MORENO

VIDA Y OBRA

Ángel Antonio Moreno nació en Matanzas, Cuba, en 1947. Poeta, pintor y periodista. Ha publicado Reconociendo el gesto y la costumbre, *y* En vísperas de otoño *(Ediciones Matanzas, Cuba);* Agua de paso *(Palo Monte Editores, California);* La otra cama, la del sueño *(Colección Los Teques, Venezuela);* Una mujer me espera en la ventana *(Verso a Verso, Boletín Hispanoamericano de Poesía) y* Con el tiempo a cuestas *(Taller Editorial, Miami).*

PARA CADA OCASIÓN
EN QUE APARECES

Cuando tú sueñes y en tu lado izquierdo
se avive el corazón como una hoguera,
conmigo soñarás de tal manera
porque yo estoy contigo en tu recuerdo.

Y tú conmigo estás siempre en la prisa,
aglutinando los espacios idos
de un recuerdo hacia el otro. Preferidos
son estos versos que (soplos de brisa)

te acarician el cuerpo de doncella
eterna en la memoria que alimento
para cada ocasión en que apareces:

encantamiento de la noche aquella,
misterioso fulgor en el momento
de amar amando no sé cuántas veces.

DEL PASADO AL PRESENTE HACIA EL FUTURO

Habremos de encontrarnos cuando llueva
sobre tu almohada y te humedezca el pelo
y el sueño no concilies. Tanto anhelo
tendrá que suceder en luna nueva.

Habremos de encontrarnos, yo lo juro,
porque la Tierra gira sobre su eje;
porque todo camino se entreteje
del pasado al presente hacia el futuro.

Habremos de encontrarnos como si
la despedida aquella no ocurriera
en el espacio inmenso de un segundo.

Y cuando así suceda un colibrí
libará de tu almohada cual si fuera
la miel que endulza la ilusión del mundo.

CAZADOR DE SUEÑOS

Cazando sueños por la noche quiso
moldear un sueño nuevo y reluciente;
pero soñaba con tanta y tanta gente
que organizando sueños se deshizo

de la imaginación con la que hizo
tantas historias, tantas, en su mente
de soñador constante e inclemente
(místico, lento, tonto, advenedizo)

que se soñó a sí mismo cuando no era
válido un autosueño en su quimera.
Pero porfiado al fin no se detuvo

al borde del camino en el que anduvo.
Y es que soñaba con tanto desespero
que se perdió en un sueño traicionero.

JUSTO EN EL TIEMPO JUSTO

No te olvido, mujer, porque tocaste
las fibras más sensibles donde anidan
pedazos de una historia que fue nuestra.
Tantos momentos no se esfuman nunca.

No es posible pensar que no te piense
mientras los años llegan y prosiguen
de agigantados pasos por delante
de ti y de mí. La distancia y el tiempo

nos han jugado una mala pasada
y los caminos son dos y distintos;
por lo que es presumible que no entronquen

nunca jamás (en esta vida, al menos).
Pero de todas formas nos amamos
justo en el tiempo justo y fue bastante.

TRATANDO DE LOGRAR OTRA SALIDA

Quiso volar por sobre el mundo un día
y se inventó un inmenso papalote
que lo arrastró entre nubes, trote a trote.
tratando de alcanzar la lejanía

más cercana al misterio; y su porfía
fue tanta que al final dando un rebote
cayó de nalgas en pequeño islote
navegando en el mar de la agonía.

Quiso cambiar la Vía Láctea por
un saco roto lleno de estupor;
y fue apostando en tan insulso invento

que en poco tiempo malgastó la vida
tratando de logar otra salida...
pero fue derrotado en cada intento.

ERNESTO RAVELO GARCÍA

VIDA Y OBRA

Ernesto Ravelo García nació en 1965, en Cienfuegos, Cuba. Emigró a los Estados Unidos en el año 2000. Ha participado de cinco concursos literarios del Centro Poético de Madrid. Tres de sus poemas fueron semifinalistas y se han seleccionado para antologías de calidad. Define la poesía como "su gran pasión", como "una carroza de fuego tirada por unicornios que nunca se apaga porque es el verso quien la guía por los siglos". Es un poeta reconocido en los círculos literarios de Europa y América, donde ha participado y ganado varios concursos literarios. Ha publicado el libro Mis versos son tuyos, *con la editorial Libros En Red, Argentina. Próximamente publicará otro poemario.*

NO SÉ QUÉ ESPERO

No sé qué espero esta tarde oscura,
preñada de nubes fantasmas
y un viento amargo de mar.
Faltan tres horas para la noche
y una fría llovizna cala mis huesos.
Absorto me sumerjo en este mundo,
mágico, único, que destila añoranzas
de un pasado sumergido en nieblas.
No sé qué espero.
Quizás las gaviotas que regresen
extenuadas del océano.
Las sombras se ciernen sobre la tierra
se crispan mis manos y sigue mi desvelo
esperando con afán.

VOY VAGANDO

Voy vagando por el sueño de la vida,
sendero espinoso y umbrío, las frondas
se elevan hacia nubes naranjas que corren
a la deriva y los suspiros del tiempo
galopan por mi alma.

Voy vagando por las mareas vivas,
hay mundos ocultos bajo sus aguas
me baño en torbellinos de espumas
y naufrago en ocultas playas.

Mis manos despedazan las sombras,
hacen un río de luz las libélulas,
hordas corren a mis espaldas
y a lo lejos quedan los cantos de sirenas.

Voy vagando sobre las espigas, el sol
asoma por levante, jadean los pechos
oprimidos, caen de rodillas los egos
y besan la tierra, delirantes.

VIVO ENAMORADO DEL SILENCIO

Vivo enamorado del silencio, mi aliado
en noches inútiles, enemigo del eco
y de las horas, verdugo de mis poemas.
Es un viejo esquelético y pensativo,
su mirada escruta cada poro de mi ser,
lanza escupitajos sobre mis letras
o asiente regocijado.
Vivo enamorado de sus ojos de conejo,
ascuas de la noche intensa, espejos
sanguinolentos donde se contempla
mi insomnio.
Vivo enamorado de sus penas, parecidas
a las mías, somos ermitaños empedernidos,
devoradores de mendrugos amargos.
Vivo enamorado de su beso, témpano
en mi frente, de sus manías, sus soliloquios
y de su miseria.

ORLANDO ROSSARDI

VIDA Y OBRA

Orlando Rossardi (Orlando Rodríguez Sardiñas) nació en La Habana. En Cuba funda con René Ariza el cuaderno poético Cántico. En Estados Unidos se doctora en la Universidad de Texas. Es Académico Numerario de la Academia Norteamericana de la Lengua Española y Correspondiente de la Real Academia Española de la Lengua. Entre sus libros de ensayos se destacan: La última poesía cubana *(Hispanova, Madrid, 1973),* León de Greiff: Una poética de vanguardia *(Editorial Playor, Madrid, 1974) e* Historia de la Literatura Hispanoamericana Contemporánea *(Madrid, 1976). Su obra poética se recoge en libros tales como* Los espacios llenos *(Verbum, Madrid, 1991),* Memoria de mí *(Betania, Madrid, 1996),* Los pies en la tierra *(Verbum, Madrid, 2006),* Libro de las pérdidas *(Advana Vieja, Valencia, 2008) y* Casi la voz *(Advana Vieja, Valencia, 2009). Libros como* Remembering Cuba *(University of Texas Press, 2001), y* Burnt Sugar/ Caña Quemada *(Free Press, Nueva York, 2006), recogen muestras de su poesía.*

CANTO A LA FLORIDA*

FLORIDA

Cerca del mar, mar de un lado
y de otro lado, al mar le puse
labios de tu cara, manos
de tu pecho, la fortuna de saber
de tu alegría
—aquella que fue un día—
y tuvo un nombre como flor
y, sin saberlo, todo el sol
que entonces se bebía
tu ventura: flor, isla florida,
la risa de tu boca entera.

* Nota: Rossardi escribió este largo poema numerado inédito con ocho poemas. Hemos seleccionado cinco de los ocho poemas.

PETER PAN

La puerta quedó abierta.
El niño puso un pie con otro pie
en la fuente, se mojó la cara,
echó a andar a su manera,
el niño se acercó a la fuente,
 se mojó las manos,
el niño cantó de pronto con su voz
de vida nueva, el niño que salía
se mojó en la fuente,
se metió a la casa, abrió
el balcón, de pronto, a la mañana.

MARIEL

La carta estaba echada.
Las velas puestas al vacío.
El aire se dormía entre las olas
y las olas todas saltaban
como un limbo entre las algas.
El mar ardía por su fronda,
de la fronda los espejos
y las palmas de las manos.
Flores altas como una espiga
borraban el espacio. El espacio
todo se rendía a la escapada.

TORRE DE LA LIBERTAD

¿Qué queda de esa altura
que no sea el cielo puesto a ver
las ramas que trafican entre amor
y sombras? Abajo todo es lumbre
como desierto, todo es polvo
que no queda ni se siente.
Estás allí paciente
a ver el vuelo de las cosas
que van y vienen o ya pasaron
y los nombres quedan
 por tu nombre entre las calles.

CALLE OCHO

¿Quién te ha visto y quién te ve
del modo que arrastras la cola,
--ahora que brotan con su son los güiros—
y en la bata te cubres de flores y piropos?
¿Quién diría que eres de otro rumbo,
que tu mejor costado es otro,
que ese sueño no es tu sueño
y que están, de par en par, abiertas las ventanas?
¿Quién podría saltar a sol y sombra
de una a la otra acera y ver la luz
al fondo color de la esperanza?

JANISSET R. RIVERO

VIDA Y OBRA

Janisset R. Rivero nació en Camagüey, Cuba, en 1969. Salió de Cuba exiliada con 14 años y residió por varios años en Venezuela, licenciándose en Publicidad y Mercadeo en el Instituto Universitario de Nuevas Profesiones en Caracas. Más tarde obtuvo una licenciatura en Español en la Universidad Internacional de la Florida. En el año 2003 culminó una maestría en literatura hispanoamericana. Ha publicado poemas, ensayos y artículos en periódicos y revistas en Venezuela, Puerto Rico, Estados Unidos y España. Es miembro fundador del Directorio Democrático Cubano y dentro de esta organización no gubernamental ha trabajado extensamente en contacto directo con la oposición interna cubana. En el ámbito internacional ha representado al Directorio ante la Comisión de Derechos Humanos de las Naciones Unidas y ha testificado ante la OEA para denunciar las violaciones y abusos del régimen cubano. En octubre de 2008, la editorial española Aduana Vieja publicó Ausente, *su primer poemario.*

SOMBRA

Tender la mano
hacia la sombra donde habitas;
tender la mano abierta y vacía
como un amanecer,
y extenderla
hasta romper el grito de la noche,
la distancia aparente
entre dos soledades cardinales.
Tender la mano
hacia tus pasos
y tocar el camino levemente,
como rozando
el agua de un estanque...
y extenderla
hasta encontrar tu mano solitaria,
al final de la sombra.

ADIÓS

Cómo renuncio
a esta piel de cada día,
esta piel que conserva
el olor de tu cuerpo...
Cómo te digo adiós
sin traicionarme;
cómo recobro el alma
que mira desde dentro.

OJOS

Tributo al poeta
Oliverio Girondo

Ojos para palpar las madrugadas;
negros, negruzcos, lisos, blancos.
Ojos de claraboyas, de lisonjas.
Ojos para dormir y despertar;
ojos llenos de lágrimas y de ataduras.
Ojos tristes y dulces,
polvorientos y osados.
Ojos prestados para llorar la nada,
solitarios y torpes, y brillantes.
Ojos discretos, serenos;
ojos silvestres, de gansos y de flores.
Ojos que miran, y murmuran.
Ojos para buscar a otros ojos,
que buscan a otros...
Ojos verdes, azules, ambarinos.
Ojos para no quedarse ciego, ni loco.
Ojos para que no termine la noche...
Ojos para sobrevivir todo el insomnio.

LO QUE SOY

Lo que soy entre tus brazos
es un eco
de ansiedades disueltas;
un acertijo
de versos inconclusos:
fuego, hueso, carne, árbol,
vena, sueño, hierba, tallo.

ÁNGEL QUE AGUARDA

A Kikón

Vi tu mirada, abierta y fija,
como el agua serena,
y así sentí tu alma perderse en el...
La luna, alumbró ciegamente,
los labios que repetían tu nombre, sin saberlo.
Así fue tu partida,
ángel fugaz de esta perenne noche;
ángel que vuelve siempre y acompaña mis pasos...

Después, he sentido tu voz
escapando dormida entre los ecos,
tu aliento, abrigando mi espalda con su abrazo.
Te has ido y no;
te presiento en el vuelo de la tarde;
te veo con mis ojos cansados de preguntas;
con el alma agotada de esperanzas;
estás aquí, al lado del rosal,
sentado sigiloso en el árbol profundo de los sueños;
vigilando el camino de esta noche perenne;
horadando los siglos de la espera,
descifrando los íntimos secretos de la aurora.

MARIBLANCA QUIÑONES DE LA OSA

VIDA Y OBRA

Mariblanca Quiñones de la Osa nació en Cárdenas, provincia de Matanzas, en Cuba. Ha participado en programas radiales, como declamadora comentando y diciendo poemas suyos y de otros autores. Fue corresponsal de cultura, radio y prensa escrita en Cuba y Estados Unidos. Pertenece a la Federación Internacional de Periodistas Latinos en Estados Unidos, avalada por la Universidad Rectora Ecuatoriana, en acto de reconocimiento, firmado por el rector de la misma en Charlotte, Carolina el Norte en le año 1998. Colaboró con el Informativo Latino y Progreso Hispano, periódicos de la ciudad de Charlotte. En el 2003 se trasladó a Miami. Ha obtenido numerosos premios de poesía, tales como el Primer Premio en el Concurso de la de la Hispanidad en 1996 de Charlotte; y Segundo Premio Internacional, en el concurso del Instituto de Cultura Peruana, celebrado en esta ciudad. Recientemente presentó su poemario Con los huesos convulsos.

NOSTALGIA SIN SITIO

Por esta calle limpia, reflejada en cristales,
donde el árbol es rey brillante en el contorno,
una mujer se niega a incubar la nostalgia
definitivamente asida a un ¡yo! agradecido.
La ciudad amanece igual: sonrisa a tiempo.
Como primate raro, descubridor de fuego
deambulamos, absortos ante el brillo
que la ciudad sin pretensión de dueña nos regala.
Todos cabemos en su vientre de suerte,
la queja no es su gusto, tampoco es el regaño,
su espacio va por todos cosiendo bienvenidas
y si el montón es mucho, ella vibra y se expande.
Por su tac, tac, seguro, las piedras no frenan la avidez del tobillo,
ni se empañan los ojos, cansados del barro repetido...
Pero está la nostalgia reclamando algún sitio
y la mujer se niega, amenaza al insulto:
sonando los tacones con eco de campana...
y la nostalgia sigue,
reclamando algún sitio.

ESTE YO SIN HACER

Mi amor es como un guante tirado en la maleta,
que no gozó el momento de aprisionar los dedos.
Viste de celofán, almacenando aromas,
cautivo del efímero espacio del perfume.
El marginado atuendo de viajero orgulloso,
que olvidó que las cosas: sufren, se desgarran
ante la indiferencia...
Quizás fui yo:
un óvulo extraviado que reaccionó a destiempo.
No maduró la carne ni los huesos,
–se quedó en sensación, apariencia de ser–...
Tú, perfecto mortal, no entiendes ni percibes
los vibrantes destellos de este ¡yo! ...
–Este yo, sin hacer–
Aunque sí, sé: dolerme del roce prohibido,
los labios secos, las manos quietas y el calor vedado...
Puede que un día recobre mis pedazos,
cuando exista intercambio con otras dimensiones
y me fabrique a tono:
un prosaico ¡tú!...

LAS COSAS OLVIDADAS

El trueno está sumando los sonidos
y los brazos del árbol no descansan,
mientras: la lluvia busca trillos en la tierra
para bañar la piel de sus raíces...
Pudo ser una noche como ésta,
cuando dejé las cosas olvidadas.
Llegaron: con el mensaje de los que nunca olvidan
le sientes el alma, las palabras
y pasas del espejo a los recuerdos
para que no te engañe la nostalgia.
Descubres cada tramo de tu vida
con sus colores y sus ambivalencias.
Las piezas, escalón hasta el asombro,
delatan a la muchacha, la de sueños azules
que no sabía cómo amaban los otros,
creía que el amor era uno sólo y con él:
no habían naufragios ni distancias...
Y estas piezas: reveladoras, demostrando su astucia,
la de guardar historias y perdurar,
–mucho más que el amor–.

JUNTO A LOS PECES

Los avisos están diseminados en el agua,
tratando de saltar junto a los peces,
removiendo la sal, volteando arenas;
–es preciso el aborto de las rocas,
sobran caminos en este nuestro espacio
y sólo el mar, puede inventar la calle–...
Difícil es, el idioma de las olas,
presumidas: se asustan del barro, los ruidos
y tantos menesteres de la tierra.
Ellas se limpian, orgullosas,
sin olvidar el rito, día a día, de emular con el sol:
–al que más brilla–...
Igual: tienen el privilegio de acariciarlo todo a su antojo,
hundir, alimentar, romper los sueños,
o desandar la red de los esclavos.
Diferentes: en uno, el rayo, puede ser trampa de los cuerpos.
La otra: novia de improvisados marineros.
En común: el abrazo, –igual te llevan
o te esconden de la muerte–.

ENTRE PAREDES

El espejo, gastado sin tu rostro bebió la primavera.
–Aunque lo asusta la evidencia–
este otoño, no guarda edredón ni espera el frío,
tampoco está tirado bajo el tiempo,
se divide con cintas y claveles.
Previsor: no juega a Quijote ni me quiere colgada en el dintel.
Cuántos besos cuelgan de la ventana preguntando su ruta,
–símil de enredaderas si el sol no los disuelve,
embajadores sin cumplir rito ni mensaje–,
libros abriéndose a los ojos, guardan las rosas,
discuten un lugar en el festín,
–han sido testigos de la ausencia–...
Sólo el vestido ensaya una lección y se afloja los lazos,
dibuja en cada pliegue un signo,
compara el tiempo del que va, con el que llega
y reclama al olvido su pedazo.
¿Escapar? si en cada vía está tu nombre con indiana señal,
¿sin trampolín, sin nichos de compuertas programadas
ni dolerle al amor en sus entrañas?...

VIDA Y OBRA

José Soroa nació en La Habana, donde se graduó del Instituto Técnico de Economía y estudió en la Universidad de La Habana. Llegó a los Estados Unidos vía Mariel en 1980 y desde entonces reside en Miami. Estudió letras varios años en St. Thomas University, y en talleres literarios en el Florida Center for Literary Arts del Miami Dade College, impartidos por grandes escritores. En Estados Unidos ha sido parte de la Colección de Poesía de Ego Group Inc., y también en La tertulia, selección de poesía de la editorial Iduna. Ha colaborado con artículos en la Sección Palestra (ya desaparecida), y con artículos de opinión, en los periódicos El Nuevo Herald y El Sol de Hialeah. En la red ha colaborado con revistas literarias tales como El Ateje y Encuentro.

JOSÉ SOROA

CONTROLADO DESATINO

A Emilio Fernández de la Vega

Incontrolable sensualidad del follaje en el archipiélago de Cuba.
Éolo veleidoso se infiltra entre las plantas.
Los reveses en las ramas lejos de rozarse en tropel,
parecen que en concierto se abrazan.
Los bordes en los limbos, erotizados, se buscan.
Orgía de la luz y los vientos felices
en el perenne atinar de verdes voluptuosos
sobre el mediodía petrificado del lienzo.

HAIKUS

1

El agua me rodea,
transparentes miran
los ojos del río.

2

En noche oscura,
la estrella que no brilla,
mis ojos buscan.

3

Me reconoce,
por la calle me mira,
gato de nadie.

UTOPÍA

Así, intento agostar la parte de fanatismo que me toca.
Desmitificar los semáforos y sus pérfidas luces que te amenazan.
Protegerte del látigo de las voces hostiles que denuestan
las contradicciones de tu mente y censuran tus excesos pueriles.

Regalarte un libro de poemas escritos en besos.
Defenderte de la madrugada y su vieja carga de lujuria y soledad.
Saludar la lluvia dibujando arco iris en tus manos.
Proponer tu corazón en la subasta del sol.

Porque tu alegría es la reserva de los amaneceres,
quiero reírme de la risa, dolerme en el dolor,
pero siempre me quedo en la profesión del otoño,
desenrollando en invierno, primaveras por venir.

Puedo ser amigo sincero o mejor amante infiel.
Disciplinar tus cabellos en la babel de mis dedos.
Ir descubriendo playas ocultas bajo los pálidos cielos de tus plantas.
Destrenzar tu voz hasta el suspiro más profundo.

ELENA TAMARGO

VIDA Y OBRA

Elena Tamargo nació en La Habana. Recibió su Doctorado en Letras Modernas por la Universidad Iberoamericana, México, D.F. en el 2001. Su obra ha sido publicada en antologías en Hispanoamérica y traducida al inglés, ruso, sueco y alemán. Su preocupación por la memoria y el drama exiliar, la ha llevado a investigar el tema en poetas tales como F. Holderlin y Juan Gelman. Es Premio Nacional de Poesía de la Universidad de La Habana, 1984 y Premio Nacional de Poesía de Cuba, de la UNEAC, 1987.

Entre sus libros están: Lluvia de rocío, *poesía. Ediciones Universidad de La Habana, Cuba, 1984;* Sobre un papel mis trenos, *poesía. Ediciones UNEAC, La Habana, 1989;* Habana tú, *poesía. Ediciones Dos Aguas, México, 2000;* Vivir el momento, *Ediciones Zarabanda, México, 2002;* El caballo de la palabra, *Ediciones Iduna, Miami, 2007;* El caballo de la palabra, *México, 2007; y* Carlos García, la persistencia de la forma, *Museo de Arte de Querétaro, México, 2008.*

BOLERO CON VOZ RONCA

Si yo encontrara un alma como la mía
María Grever

Ya yo he encontrado un alma como la mía
que copia en un cristal mis propias hojas.
Se sostuvo algún tiempo como un barco
en el agua cerrada.
Mojados, sus vestidos, le pesaban.
Repetía pedazos de antiguas oraciones
y jamás orinaba
en la boca de un río que fuera a dar al mar.
Tal vez sería Tanagra la tierra de ese encuentro.
Vivía sin saber que vivía su fábula
y su sentido estaba dividido
como tallos de rosa.
De su raíz partía la sangre hacia los hombres:
me parecía entonces densa.
Por lo demás, no había nada rojo.
Su haber muerto le daba plenitud.
Ahora está sosegado en las rosas abiertas.

MI FANGO Y MI SALIVA

Nos desmigajábamos
mientras alguien partía el pan.
Tu pregunta, tu respuesta, tu canto,
¿qué se sabe de ellos?
¿Y el país heredado que sigue siendo nuestro lecho
el pozo de agua fresca
donde arrojamos el destino?
Lo escrito arderá en la bahía
cuando arda un retrato de los dos.
Dónde dejé mi fango y mi saliva
la savia de ir hacia lo hondo,
la de adorar a Dios.
¿Quién ganará? ¿Quién perderá?

MANUEL VÁZQUEZ PORTAL

VIDA Y OBRA

Manuel Vázquez Portal, poeta y periodista cubano, se graduó con un título de Idiomas y Literatura de la Universidad de Santa Clara, Cuba. En Cuba publicó los libros Del pecho como una gota, A mano abierta, Cantos iniciales, *y* Un día de Pablo y Cascabeles. *En Estados Unidos, publicó* Celda número cero *–poemario– y en Italia,* Cambio de celda. *En 1995, en Cuba, se unió a la agencia Cuba Press y luego fundó el Grupo de Trabajo Decoro, el cual preside hasta que lo aprisionan. En el 2003 lo sentencian a 18 años de prisión por ejercer el periodismo independiente, pero fue liberado por razones médicas en el 2004 gracias a una campaña internacional del Comité para Proteger Periodistas, el cual le otorgó el Premio Internacional de Libertad de Expresión. Exilado en el 2005, actualmente es periodista para varios medios, y publica una columna dominical en* El Nuevo Herald.

DE JOVEN PARECÍA

De joven parecía
que esa artritis fatal de la nostalgia
no rondaría mis huesos,
que en mi barba iracunda,
mitológica, jamás se posaría el hedor del fracaso.

Fui Tenorio y bribón,
Romeo pasajero, corsario de los vinos.
Vacié a la madrugada sus misterios
deshice los abrazos sin piedad.

Me dijeron que era rector de los enigmas
y que sólo de luz
se fabricaba la morada del hombre.

Mi inocencia aplaudió
los frágiles milagros del desastre
y crecí como un necio con los ojos cerrados.

No vi engordar las sombras.

Fijé versos de amor
en la prosa feroz de los guerreros,
decapité una rosa
que en la blanda maceta de sus manos
me diera una muchacha
y me hice vengador
de afrentas que a mi rostro no le pertenecían.

No me eximan de andrajos,
yo también soy culpable.

CON UN DULCE SABOR

Un tulipán de doble filo
reposa en tu mirada.
Quisieras acogerme
pero es mucha la sombra, mucha la incertidumbre.

Tu mundo se divide,
se agrietan los senderos,
hay un peligro atroz en las pisadas.

Escorpiones de odio inoculan la furia,
de las hendijas brota
un turbio olor de cólera.

No hay a dónde saltar
sino al averno.

Sobre la cuerda floja
nos miramos
con el dulce sabor del plácido cinismo.

EQUILIBRIO ECOLÓGICO

Habito un pastizal
y cada espiga
motivo es de la guerra.

Sucumbo a los embates de las crueles sequías,
acecha en los breñales fiero depredador.

Comparto en la manada
el miedo a los crepúsculos
el temor al gruñido anterior al zarpazo.

Anda un odio carnívoro por los abrevaderos.

No me pusieron garras.

Soy un sueño indefenso
que de los ojos tristes
le brota una congoja aún sin explicar.

EL GUERRERO

De cándido volver sobre las ruinas
de aquel hombre perplejo, consumido.
Tristeza era su nombre, su apellido.
Tristeza por sus bordes, sus esquinas.

Hundirse en su mirada. La mezquina
pobreza ver presente, ver el nido
hecho trizas, su tiempo detenido,
y en su paz interior sólo vitrinas.

Levantar una piedra, ponérsela
en la mano, pedirle que la tire
cuan lejos le dé el brazo. Vérsela

caer exánime, que apenas si la mire,
que se deje vencer, que no se oponga,
ser de gesto y razón sólo una tonga

de porquería mediocre, desvalida
que ha jugado a vivir su pobre vida.

LA HORA DE LOS FANTASMAS

Los trenes están muertos y muertas las farolas.

No hay quien mida la música
de tantos empellones
ni el tamaño sutil de las caídas.

Las ventanas son ojos abiertos a la nada
y una muchacha espera
que otro pañuelo triste
diga adiós desde el puerto escondido en las fugas.

Contra la tarde roja
anuncia el campanario
que se ha muerto la luz,
que es hora de fantasmas:
un plato boca abajo es un sombrero lúgubre,
un sueño tonsurado
es un falito feble sembrado en una esquina.

Llevo entonces
mi torpe corazón a solazarse
en las tristes callejas de una ciudad podrida.

ÍNDICE GENERAL